Otto Henne am Rhyn
Die Freimaurer

SEVERUS Verlag

ISBN: 978-3-95801-246-2
Druck: SEVERUS Verlag, 2015

Der SEVERUS Verlag ist ein Imprint der Diplomica Verlag GmbH.
Bibliografische Information der Deutschen Nationalbibliothek:
Die Deutsche Nationalbibliothek verzeichnet diese Publikation in der Deutschen National-
bibliografie; detaillierte bibliografische Daten sind im Internet über http://dnb.d-nb.de
abrufbar.

© SEVERUS Verlag, 2015
http://www.severus-verlag.de
Printed in Germany
Alle Rechte vorbehalten.
Der SEVERUS Verlag übernimmt keine juristische Verantwortung oder irgendeine Haftung
für evtl. fehlerhafte Angaben und deren Folgen.

Otto Henne am Rhyn

Die Freimaurer

Inhaltsverzeichnis

I. Die Steinmetzen als Vorläufer der Freimaurer 3

II. Die Entstehung des Freimaurerbundes 17

III. Die Verirrungen im Freimaurerbunde............................ 25

IV. Die Verfolgungen der Freimaurer 45

V. Die neueste Entwicklung des Freimaurerbundes.......... 51

VI. Zwei kaiserliche Protektoren... 65

VII. Die Verfassung des Freimaurerbundes........................... 71

VIII. Die Religion und die Politik der Freimaurer................ 81

Vorwort

Das vorliegende kleine Buch hat seine Veranlassung in den ungeachtet aller Widerlegungen im Interesse gewisser Parteien hartnäckig fortgesetzten und schlecht oder gar nicht begründeten Angriffen gegen die Freimaurerei. Ohne diese hätte der Verfasser es unterlassen, von neuem zu wiederholen, was er selbst und andere vielfach schon geschrieben haben. Er hofft indessen, dem vorliegenden Buche eine Form gegeben zu haben, welche in Anordnung und Inhalt manches neue bietet, und war darin bestrebt, gerecht und der Wahrheit gemäß alle zu dem behandelten Gegenstande gehörenden Punkte eingehend zu berücksichtigen.

Der Verfasser hat sich von Phrasen fern gehalten und will lediglich durch Thatsachen belehren.

St. Gallen, im Spätherbst 1888.

I. Die Steinmetzen als Vorläufer der Freimaurer

Die Freimaurerei verdankt ihr Dasein zweien den höheren Kulturstufen der Menschheit eigenen Richtungen – dem Zuge nach dem Geheimnisvollen und Rätselhaften und der Lust nach Vereinigungen, in deren Schoß alle sonst die Menschen trennenden Verschiedenheiten verschwinden. Vereinigungen von Menschen, in welchen diese beiden Richtungen mehr oder weniger befriedigt wurden, hat es schon in alten Zeiten gegeben; aber mit Unrecht hat man in solchen eine Wurzel der Freimaurerei gesucht. Es gilt dies namentlich von den sogenannten Mysterien. Solche gab es in Ägypten, wo sie aber ein ausschließliches Eigentum der Priester waren, die den eigentlichen tieferen Sinn der Landesreligion vor dem Volke, das ihn nicht auffassen konnte, geheim hielten. Es gab solche ferner in Griechenland, wo sie zwar allen Ständen zugänglich waren, aber sich einzig und allein auf die Religion, speziell auf die Verehrung einzelner Gottheiten an bestimmten Orten bezogen und in einer Art von Verinnerlichung der sonst meist nur äußerlichen griechischen Gottesdienste bestanden. Der pythagoräische Bund endlich, in Unteritaliens hellenischen Kolonien verbreitet, war eine philosophische Gesellschaft mit politischen Hintergedanken. Auch im Mittelalter gab es geheime Verbände, die aber ebenfalls mit der Freimaurerei nichts zu schaffen hatten. Die bedeutendsten waren die Feme, ein Überbleibsel der unmittelbaren Gerichtsbarkeit des deutschen Reichsoberhauptes, das seine Unabhängigkeit von den Landesfürsten bewahrt hatte und sich nur für gewisse Fälle (die heimliche Acht) mit dem Schleier des Geheimnisses umgab, – und der Templerorden, dessen Geheimnis in einer von der kirchlichen Lehre in gewissen Beziehungen abweichenden Richtung lag. Andere geheime Vereinigungen, wie die Waldenser, die Begharden und Beguinen, die »Brüder vom gemeinsamen Leben« u. a. hatten lediglich religiöse, letztere auch wissenschaftliche Zwecke. Die Kalandsbrüder waren ein geselliger Verein mit religiöser Färbung, die Brückenbrüder eine wohlthätige Gesellschaft, welche für die Pilger nach dem heiligen Lande Straßen, Brücken und Herbergen baute.

Freimaurerei ist lediglich der Inhalt der Lehren und Gebräuche des Freimaurerbundes, und ihre Geschichte zerfällt in eine Vorgeschichte und eine eigentliche Geschichte. Erstere hat ihre Wurzel im Mittelalter, und zwar in den Kreisen, welche sich der Arbeit widmeten.

Zwar konnte sich das Mittelalter nicht zu der geistigen Höhe einer Anschauung emporschwingen, nach welcher die Arbeit höher zu achten ist, als der Müßiggang, der Frieden höher als der Krieg, – und der Arbeiter mußte daher in einer untergeordneten Stellung verbleiben. Ausnahmslos kann dies vom Feldarbeiter gesagt werden, der sogar noch weit über das Mittelalter hinaus nicht viel besser gehalten wurde, als das liebe Vieh. Weit günstiger stand der Handwerker, seitdem die Städte sich entwickelten. Wenn er auch in einigen dieser damaligen Bollwerke bürgerlicher Freiheit mit seinen gerechten Begehren um Rechtsgleichheit nicht durchdringen konnte, in anderen aber nach genossener Freiheit, durch eigene Nachlässigkeit oder durch Anmaßung Anderer das Errungene wieder verlor und bald weltlichen oder geistlichen Fürsten, bald einem ahnen- oder geldstolzen Patriziate huldigen mußte, so gab es doch der Städte noch manche, in welchen er nicht nur seine Rechte behauptete, sondern sogar bisweilen andere Stände vom politischen Leben ausschloß.

Die Stärke, zu welcher es die Handwerker brachten, lag aber in ihrer korporativen Verbindung zu Gilden oder Zünften, in welchen sie, entsprechend den Orden der höheren Stände, dem Geiste ihrer Zeit ein Genüge leisteten. Der Verfassung der Zünfte haben teilweise die

Kollegien der Handwerker bei den alten Römern, teilweise die christlichen Klöster als Vorbilder gedient. Jene hatten geheime Gebräuche, Mysterien gehabt, über die wir jedoch nichts Zuverlässiges wissen – diese huldigten der christlichen Mystik und – wenn auch ein direkter Zusammenhang der antiken und der germanischen Gilden nicht historisch nachgewiesen werden kann, so ist doch das ausgemacht, daß auch die Handwerksgenossenschaften des Mittelalters ihre geheimen Gebräuche hatten. Nicht in allen Zünften war dies der Fall und wieder beschränkte sich das geheime Ceremoniell in manchen auf Sprüche oder Zeichen, durch welche sich die Handwerksgenossen unter einander erkannten. Am ausgebildetsten und inhaltreichsten aber war jenes Ceremoniell in der Genossenschaft der Bauleute, Maurer oder Steinmetzen. Der Grund hiervon liegt offenbar darin, daß die Baukunst nicht nur unter allen Gewerben am meisten zum Denken auffordert, die meisten Detailkenntnisse verlangt, am ehesten die Anwendung gewisser »Vorteile« notwendig macht, die sich leicht zu Geheimnissen entwickeln, sondern auch durch die Errichtung von Tempeln und Kirchen einen religiösen und also auch mysteriösen Charakter erhält.

Die Steinmetzen, bei den Römern und im frühesten Mittelalter Caementarii, im 13. Jahrhundert sculptores lapidum liberorum (Behauer freier Steine), im 14. Jahrhundert nach dem Griechischen: latomi und altenglisch fremaceons (Freimaurer), lateinisch liberi muratores genannt, traten als geschlossenes Gewerbe seit der Völkerwanderung zuerst, dem religiösen Charakter der Baukunst gemäß, in den Klöstern auf, deren Angehörige die Gebäulichkeiten, deren sie bedurften, selbst errichteten, wie sie auch für alle übrigen Bedürfnisse selbst sorgten. Jedes Kloster hielt Handwerker aller Art, welche, ohne Geistliche zu sein und oft ohne die Gelübde abzulegen, in den Räumen desselben wohnten. Unter solchen Bauarbeitern nun soll zuerst der Abt Wilhelm von Hirschau, welcher am Ende des elften Jahrhunderts lebte, einen Verein zur Pflege der Baukunst errichtet haben.

So lange die Baukunst unter der Leitung der Klöster stand, huldigte sie, weil diese unter der Herrschaft des römischen Stuhles standen, auch dem römischen (romanischen) Baustile, welcher mit seinen einfachen Säulen, runden Bögen, gedeckten und zusammengedrückten Turmspitzen ein Beugen und Schmiegen unter fremde Autorität ausdrückte. Es dauerte dies Verhältnis, so lange sich die Klöster und ihre Mönche überhaupt mit Kunst und Wissenschaft beschäftigten. Sobald letzteres aufhörte, im elften und zwölften Jahrhundert, sahen die Bauarbeiter auch nicht mehr ein, warum sie ferner Mönchen dienen sollten, die nur noch für Wein, Jagd und Krieg Sinn hatten, ihre Tempelhallen zerbröckeln und ihre Pergamentschätze vermodern ließen. So entstanden auch außerhalb der Klöster Vereine von Bauleuten, namentlich in den Städten, und die Klosterkirchen blieben an Größe und Pracht hinter den Stadtkirchen zurück. Es geschah dies namentlich seit dem Anfange des 13. Jahrhunderts, und die stattgefundene Veränderung in der Leitung der Bauvereine, die sich nun selbst regieren, zeigte sich auch durch das Aufkommen eines neuen Baustiles. Derselbe trug nicht mehr den klösterlichen Stempel. An die Stelle einzelner Säulen traten zusammengefügte Bündel von solchen, als Sinnbild der freien Vereinigung und der Stärke durch Eintracht Gleicher, an die Stelle der runden Bogen spitzige, um zu bezeichnen, daß die zum Baue mitwirkenden Kräfte sich nicht willenlos in einander verschmelzen lassen, sondern von beiden Seiten her ihre Individualität bis zur Erreichung des Zieles geltend machen und das über ihnen Stehende gemeinschaftlich tragen, an die Stelle eingedrückter, gedeckter Türme hohe, bis zur Unendlichkeit hinaufstrebende, von allen Seiten offene, als wollten sie sagen: wir sind, was wir sind, – wir lassen uns nicht unter einen Hut bringen, unser Wesen ist durchsichtig und klar, frei und offen, nur dem Himmel unterthan. Dazu kamen Verzierungen in den Fensterbögen, welche in jedem eine verschiedene Figur zeigten und damit gegen alle schablonenartige Einförmigkeit protestierten. Es war die echt germanische oder gotische Baukunst, der Triumph des freien, deutschen, die ungestörte Entwickelung und ungehemmte Selbständigkeit der Einzelnen begünstigenden Geistes. Es war aber auch ein Ausdruck des Mysticismus, welcher in unzähligen zum Himmel strebenden Spitzen das Göttliche sucht. Die gotische Baukunst hat daher in ihren ungeheuern Gewölben und schmalen Fenstern etwas düsteres, melancholisches. Sie begünstigt das freie, selbstthätige Sich in sich selbst versenken, ist also gleichermaßen einem aufgezwungenen Dogmatismus, wie der rücksichtlosen, die Vorurteile zerstörenden Forschung und Aufklärung abgeneigt. Wie daher die romanische Baukunst die des Papsttums, so ist die gotische diejenige freier Kirchlichkeit; als die der Aufklärung folgt ihnen die Renaissance.

Die Versammlungsorte der Steinmetzenvereine in den Städten waren die Bretterhütten, welche in der Nähe der im Baue begriffenen Kirchen errichtet waren, um unter Dach die zum Baue bestimmten Steine bearbeiten zu können. Diese Vereine hießen daher Bauhütten. Schon frühe finden wir sie zu einem großen Bunde vereinigt, dessen Mitglieder in Erinnerung an ihren klösterlichen Ursprung sich Brüder und ihre Vereinigung Bruderschaft nannten, und ihren Vorstehern die geistlichen Prädikate ehrwürdig, hochwürdig u. s. w. beilegten. Wann dieser Bund entstanden, ist in tiefe Dunkelheit gehüllt; als die Zeit seiner völligen Ausbildung wird vielfach das 13. Jahrhundert angenommen und als Beförderer desselben der damals lebende gelehrte Dominikaner Albertus, genannt der Große (magnus), Graf von Bollstädt (geb. 1205, gest. 1280), welcher mit Ausnahme zweier Jahre, die er als Bischof von Regensburg zubrachte, meist in Köln lebte und sich durch mannigfache Schriften über Theologie, Philosophie, Mathematik und Physik, sowie durch seine Kenntnis und Beförderung der Baukunst auszeichnete. Am berühmten Dome von Köln dürfte sich daher vorzugsweise der große Verein der Bauleute genährt und gekräftigt haben. Schon im 13. und 14. Jahrhundert errichteten seine in die Welt ausgewanderten Glieder bedeutende Bauwerke in England, Frankreich, Italien und Spanien.

Für diesen Bund nun wurde von Abgeordneten der Bauhütten, welche sich »kapitelsweise« (auch dieser Ausdruck stammt vom Klosterleben her) in Regensburg versammelten, im Jahre 1459 eine gemeinsame Handwerks-Verfassung unter dem Titel: »Ordnung und Vereinigung gemeiner Bruderschaft des Steinwerks und der Steinmetzen,« ausgearbeitet, und, als sich im Bruderkreise darob »Irrungen« ergeben hatten, auf neuen Versammlungen in Basel 1497 und in Straßburg 1498 revidiert und von Kaiser Maximilian I. im letztern Jahre bestätigt. Man nannte dieses Werk im Schoße der Vereinigung: das Bruderbuch. Aus dieser und anderen gleichzeitigen Urkunden der Steinmetzen-Bruderschaft geht, bezüglich ihrer Organisation (die technischen Vorschriften übergehen wir) Folgendes hervor. Die Brüder unterschieden sich in Meister, Parlirer und Gesellen, wozu noch, nicht als Bundesbrüder, wohl aber als Angehörige, die Diener (Lehrlinge) kamen. – An der Spitze jeder Bauhütte stand ein freigewählter Werk- oder Baumeister. Die Werkmeister der drei Bauhütten zu Straßburg, Köln und Wien waren die obersten Richter des Bundes, unter denen wieder der Werkmeister von Straßburg (der Haupthütte) den Vorrang hatte. Zum Gerichtskreise von Straßburg gehörte das linke Rheinufer abwärts bis zur Mosel und auf dem rechten Schwaben, Franken und Hessen, zu dem von Köln das Land jenseits der Mosel, zu dem von Wien Österreich, Ungarn und Italien. Abgesondert unter einem eigenen Meister war die Schweiz, nämlich unter dem von Bern, an dessen Stelle später der von Zürich trat. Die Bauleute Norddeutschlands rechts vom Rhein (Thüringens, Sachsens u. s. w.) waren aber nur dem Namen nach Glieder des Bundes. In Wirklichkeit ordneten sie sich keiner dieser Bauhütten unter, sondern beschlossen 1462 in Torgau eine eigene »Ordnung.« In diesen Ordnungen finden wir manche rührende Züge wackerer Gesinnung der Bauleute. So war ihnen z. B. verboten, verstorbene Meister und ihre Werke zu schmähen, ebenso ihre Kunst andere um Geld zu lehren, – sie mußten es gegenseitig aus Freundschaft thun; – ein Meister allein durfte einen Gesellen nicht vom Handwerk wegweisen, er mußte hierin nicht nur zwei andere Meister beraten und mit ihnen einstimmig sein, sondern auch die Mehrheit der Gesellen mußte ihre Einwilligung erteilen; Streitigkeiten der Meister unter sich durften nur von Schiedsrichtern aus dem Bunde selbst geschlichtet werden.

In den Baubrüderschaften spielte überhaupt die brüderliche Geselligkeit eine hervorragende Rolle. Monatlich fanden Versammlungen statt, deren Verhandlungen mit einem Trinkgelage endigten. Jährlich feierte jede Haupthütte ein »Hauptgedinge« und als Feste des Bundes galten die Tage Johannes des Täufers und der sogenannten »vier Gekrönten.« In der spätern, entarteten Zeit des Bundes hielten Meister und Gesellen besondere Versammlungen, Erstere halb- oder vierteljährlich, Letztere monatlich. Jede Zusammenkunft wurde mit Fragen und Antworten des Meisters und der Hüttenbeamten feierlich eröffnet und geschlossen. Dem Gesellen wurden, sobald er seine Wanderschaft antrat, die geheimen Erkennungszeichen der Brüderschaft mitgeteilt, welche in einer Grußformel, einem Zeichen und einer besondern Art des Händedrucks bestanden. Damit wies er sich, wohin er kam, als Bruder Steinmetze aus und hatte so das Recht, die Kunst unentgeltlich zu erlernen. Wenn er zu einer Hütte kam, wo gemeißelt wurde, machte er zuerst von außen die Thüre zu, um nach der Weise der Steinmetzen anklopfen zu können, trat dann ein und fragte: Arbeiten deutsche Steinmetzen hier? Sofort räumten die Gesellen in der Hütte auf, schlossen dieselbe und stellten sich in einem rechten Winkel auf. In einen solchen stellte der Wanderer auch seine Füße, nahte sich den Gesellen mit drei Schritten und sprach: Gott grüße den ehrbaren Steinmetz. Die Antwort war: Gott danke dem ehrbaren Steinmetz, und so folgten weitere, oft sich wiederholende Fragen und Antworten, unter anderen auch folgende: Wer hat dich ausgesandt? – Mein ehrbarer Lehrmeister, ehrbare Bürgen und das ganze ehrbare Maurerhandwerk zu N. – Worauf? – Auf Zucht und Ehrbarkeit. – Was ist Zucht und Ehrbarkeit? – Handwerksgebrauch und Gewohnheit. – Wann fängt sie an? – Sobald ich meine Lehrzeit treu und ehrlich bestanden habe. – Wann endigt sie? – Wenn uns der Tod das Herz abbricht – u. s. w. Während sodann der Wandergeselle seine Wanderzeit fortsetzte, ließ er sich in irgend einer Bauhütte, beziehungsweise in der Herberge derselben, in die Brüderschaft aufnehmen, wodurch er aus einem »Grußmaurer« zu einem »Briefmaurer« wurde.

Die Ceremonien der Aufnahme sind uns nicht bekannt. Der Schriftsteller Fallou hat es sich in seinem Werke über die Verfassung und Symbolik der deutschen Baugewerke bequem gemacht, indem er einfach die jetzige Aufnahme zum Freimaurer-Lehrling für jene der Steinmetzen ausgab. Allerdings hatten die Steinmetzen dieselben Erkennungszeichen und dieselbe Art des Klopfens, wie noch heute die Freimaurer-Lehrlinge; allein die Ceremonien bei Aufnahme der Letzteren setzen notwendig eine moralische Deutung des Bauhandwerkes und eine Bekanntschaft mit philosophischen Begriffen voraus, die den Steinmetzen fremd waren. Wahrscheinlich ist vielmehr, und es stimmen damit die Andeutungen überein, welche uns ein aufgenommener Steinmetz machte, daß bei der Aufnahme der Wandergesellen das Handwerk selbst und dessen technische Eigentümlichkeiten und Geheimnisse die Hauptrolle spielten, wie der Aufgenommene denn auch bei dieser Gelegenheit das Handzeichen erhielt, das er in seine Handarbeiten einzuhauen hatte. Außerdem wurden an diesen Arbeiten häufig die Symbole der Steinwerkkunst, Hammer, Zirkel, Winkelmaß u. s. w., sowie mystische Figuren, z. B. der flammende Stern (das pythagoreische Pentagramm oder das magische Hexagramm: zwei in einander geschobene Dreiecke), die zwei Säulen im Tempel Salomons, Weinblätter, Kornähren, verschlungene Schnüre u. s. w. angebracht. – An den Aufnahme-Förmlichkeiten selbst liegt übrigens wenig; von Bedeutung ist nur, daß der Aufgenommene das Erfahrene geheim zu halten beschwören mußte; das Übrige kann für unsere Zeit und deren Bedürfnisse als vollkommen gleichgültig betrachtet werden. Echt sind dagegen offenbar die überlieferten Gebräuche beim Trinken, welche vielfach an den Studenten-Comment erinnern. So durfte z. B. kein Glas mit der Hand dargereicht, sondern mußte vor den Trinkenden auf den Tisch gestellt, durfte ferner nur mit der rechten Hand, und zwar ein Ehrentrunk insbesondere nur mit einem weißen Handschuh oder einem reinen Tuche angefaßt werden; auch durfte niemand mehr Wein oder Bier verschütten, als er mit der Hand bedecken konnte.

Die Steinmetzen-Brüderschaften waren eine vorzugsweise christliche Einrichtung; ihre Mitglieder waren durch die offiziellen »Ordnungen« zur Befolgung der Kirchengebräuche verpflichtet. Es war dies ein Ueberbleibsel ihres klösterlichen Ursprunges. Gerade dieser letztere aber hatte ihnen, die durch den Verfall der alten Klosterzucht selbständig geworden, die schwachen Seiten der Geistlichkeit hüllenlos gezeigt. Die überall, trotz blutiger Verfolgung, auftauchenden Gemeinden rein evangelischer, dem Papsttum abgeneigter Richtung trugen, neben den eigenen Erfahrungen, das ihrige dazu bei, daß die Mitglieder der Bauhütten, besonders im 14. und 15. Jahrhundert, vielfach, vielleicht sogar größtenteils, von einem Geiste der Opposition gegen das römische Kirchentum erfüllt wurden, der sich in ihren Bilderwerken oft genug auf ziemlich derbe Weise Luft machte. Es spricht daraus eine Satire, wie sie nicht beißender gedacht werden konnte, und zwar um so mehr, als diese Einfälle des Meisels in den Kirchen selbst Platz fanden. So sehen wir am Münster zu Bern in einer Darstellung des jüngsten Gerichts einen Papst mit der goldblitzenden Tiara kopfüber in die Hölle stürzen und unter den am Portal Wache haltenden klugen und thörichten Jungfrauen tragen die Letzteren Kardinalshüte, Bischofsmützen und Priesterkäppchen. Die Kirche von Doberan in Mecklenburg zeigt eine Mühle, in welcher die kirchlichen Dogmen verarbeitet werden. In Straßburg sah man eine Prozession aller möglichen Tiere mit brennenden Kerzen und einen Esel, welcher Messe las, in Brandenburg einen Fuchs, der einer Herde Gänse predigte u. s. w.

Die Aufklärung ist die Feindin des Kirchentums; denn mit ihr ist kein Vorrecht eines besondern Standes oder Berufs verträglich. Indem daher die Steinmetzen der Aufklärung huldigten, untergruben sie selbst die Anstalten, denen sie das Leben zu verdanken hatten und arbeiteten ihrer Auflösung entgegen. Diese begann im 15. Jahrhundert, als »die gotische Baukunst und die Bautätigkeit überhaupt zurückging« (L. Keller). Wo es keine Bauhütte gab, mußten die Bauleute in irgend eine Zunft eintreten, und viele Bauhütten wurden selbst zu gewöhnlichen Zünften. Andere Steinmetzen mußten aus Mangel an Bauten ein anderes Gewerbe ergreifen. So wurden sie vielfach Formschneider, aus welcher Beschäftigung damals die Typendruckerei hervorging, mit der Zeit also Buchdrucker, und ihre Brüderschaft zu einer solchen der Formschneider, Buchdrucker, Bildschnitzer und Maler (welche Kunstzweige schon vorher zu den Bauhütten gehört hatten). Vielfach waren sie an der sehr alten, durch Jahrhunderte fortlaufenden Bewegung beteiligt, welche die Reformation vorbereiten half und schon damals die »evangelische« hieß, und waren namentlich in Verbreitung der gegen die übeln Zustände in der Kirche eifernden Schriften thätig. Ihr Führer war Johann von Staupitz, und als dieser mit Luther zerfiel, sagten sich auch die Baubrüderschaften von Letzterem los und schlossen sich vielfach den Wiedertäufern an, soweit diese, gleich früheren Sekten, der Wiederbelebung des Urchristentums zustrebten, nicht aber, soweit sie sich Ausschweifungen ergaben. So kam es, daß nach der Reformation die Baukorporationen an Bedeutung immer mehr verloren. Die Greuel der Religionskriege des 16. und 17. Jahrhunderts, besonders des 30jährigen Krieges, gaben der Baukunst noch einen empfindlichern Stoß; völlig entscheidend für die Baukorporationen war aber die verräterische Einnahme des Sitzes ihrer Haupthütte, Straßburg, durch Ludwig XIV. von Frankreich. Es war natürlich, daß die deutschen Fürsten die Abhängigkeit ihrer Angehörigen von auswärtigen Vereinen nicht dulden mochten, und der Reichstag untersagte daher 1707 allen Verkehr mit der Haupthütte in Straßburg. Da aber Uneinigkeit und Schwäche die deutschen Steinmetzen verhinderten, eine neue Haupthütte aufzustellen, so hob der Kaiser 1731 kurzweg alle Haupt- und Nebenhütten und die eigene Gerichtsbarkeit derselben auf und verbot die Ablegung eines Eides auf Geheimhaltung der Eigentümlichkeiten des Steinwerkes, sowie die Beobachtung der (wie sich das Dekret ausdrückte) »läppischen« Grußformeln und des Unterschiedes zwischen Gruß- und Briefmaurern. Die Bauhütten bestanden jedoch im Geheimen fort und bestehen noch heutzutage an vielen Orten, obschon ihnen die Gewerbefreiheit der neuern Zeit alle Bedeutung genommen und den Boden unter den Füßen weggezogen hat.

Während so die deutschen Handwerksvereine von der Reichsgewalt unterdrückt wurden und verkamen, sind dagegen die englischen Bauhütten zu einer Bedeutung emporgestiegen, welche eine welthistorische genannt werden kann. Die Sage führt die englische Baukunst auf den König Alfred den Großen (871–901) und auf seinen Nachfolger Aethelstan zurück, dessen jüngster Sohn Edwin Versammlungen der Maurer veranstaltet, zu York im Jahre 926 denselben Gesetze gegeben, bei dem König aber hochverräterischer Umtriebe angeklagt, schuldlos auf einem schadhaften Boote in das Meer hinausgetrieben worden und so umgekommen sein soll. Erwiesener Maßen aber wurden die Bauten von Bedeutung, wie in Deutschland, durch die Geistlichkeit geleitet, unter welcher Dunstan, Erzbischof von Canterbury, als eifriger und geschickter Baumeister genannt wird, während seit dem Aufkommen des gotischen Baustils auch dort weltliche Hände das Bauwesen übernahmen und wahrscheinlich deutsche Bauleute dasselbe vervollkommneten. Durch sie muß auch die deutsche Bauhütte in England Eingang gefunden haben; denn wir finden dort Vereine von Bauleuten, deren Einrichtungen und Gebräuche ganz den deutschen nachgebildet, und Verzeichnisse von Werkmeistern, deren Namen zweifellos deutsch sind.

Dagegen kamen hier auch wieder eigentümliche Züge in Aufnahme, wie die, daß der Meister seinen Platz stets im Osten einnahm, daß man sich bei schönem Wetter im Freien, wenn auch in einsamer Gegend, versammelte, daß rings umher Wachen aufgestellt wurden, um Uneingeweihte fern zu halten, daß man unberechtigte Lauscher unter die Dachtraufe stellte, bis ihnen »das Wasser aus den Schuhen lief«

u. s. w. Auch wichen die englischen Handwerker überhaupt darin von den deutschen ab, daß sie als Gesellen nicht wanderten und also ohne dies Meister werden konnten, wogegen jedoch ihre Lehrzeit zwei Jahre (sieben statt fünf) länger dauerte.

Die englischen Steinmetzen nannten sich zur Unterscheidung von den gewöhnlichen Maurern, welche rough masons (rohe Maurer oder Metzen) hießen, free-stone-masons, d. h. Bearbeiter zum Bauen bestimmter (freier) Steine, oder auch abgekürzt: free-masons, Freimaurer.

In einem Parlamentsbeschlusse vom Jahre 1350 kommt dieser Name zum ersten Male vor; denn die englischen Maurer unterlagen polizeilicher Vormundschaft, und wurden, wie damals die Handwerker überhaupt, als Hörige behandelt, von der Krone und dem Adel unterdrückt; ja es war ihnen sogar verboten, Versammlungen zu halten und Erkennungszeichen anzuwenden.

Die alten englischen Freimaurer bestanden jedoch trotz dieser Anfeindungen fort, und gaben sich Gesetze, die zum Teil noch vorhanden sind. Sie betrachteten sich unter sich Alle als gleich, als fellows, Genossen, Gesellen und kannten in ihren Logen (der englische Name für die deutsche Bauhütte, vom altdeutschen loubja, Laube, gebildet) die im öffentlichen Handwerksleben geltende Abstufung in Meister, Gesellen und Lehrlinge nicht. Meister hieß in der Loge blos der freigewählte Vorsteher der Gesellen; Lehrlinge wurden überhaupt noch nicht zu Mitgliedern aufgenommen. Die Mitglieder sorgten unter sich sowohl für die technische Ausbildung, als für das moralische Wohlverhalten der Einzelnen, waren duldsam gegen abweichende religiöse Ansichten und unterstützten einander im Unglück und Mißgeschick. Auch nannten sie sich Brüder, wie die deutschen Steinmetzen.

Nur nach und nach verbesserten sich die Verhältnisse der englischen Maurer. Eduard III. (1327–76) war der erste König, welcher ihnen wohl wollte, wenn es ihm auch nicht möglich war, allen Schritten des Parlaments gegen sie Einhalt zu thun. Das Verbot ihrer Versammlungen wurde in der Folge wenigstens dahin gemildert, daß solche während der Gegenwart von Beamten, des Sheriffs der Grafschaft oder des Mayors der Stadt, abgehalten werden durften; aber später kamen wieder neue Verbote aller Versammlungen vor, die indessen wenig oder gar keine Vollziehung fanden. Aus so kümmerlichen und gedrückten Umständen erhob sich aber, wie wir sehen werden, mit Beibehaltung des Namens, der Gebräuche und sogen. Geheimnisse der Maurer, eine Gesellschaft, welche eine Ausbreitung gewonnen hat, deren sich wenig andere rühmen können.

II. Die Entstehung des Freimaurerbundes

Die Reformation und die mit ihr verknüpften Ereignisse hatten die Menschen vielfach zum Denken angeregt. Die Unduldsamkeit jedoch, welche die Machthaber und Mitglieder beider Konfessionen an den Tag legten, indem sie ihre Gegner verleumdeten und verfolgten, stieß alle wahrhaft human Gesinnten so sehr ab, daß sich insgeheim eine Richtung ausbildete, welche das Heil weder im Katholizismus, noch im Protestantismus suchte, sondern in einem brüderlichen Verhalten aller Menschen ohne Unterschied des Glaubens. Auch in England war man der konfessionellen Kämpfe satt, der Verfolgung der Protestanten unter der »blutigen Maria,« wie jener der Katholiken unter der eisernen Elisabeth, und sehnte sich nach Toleranz. Die Grundsätze der letztern schöpfte man vorzüglich aus der wiederauflebenden Litteratur und Kunst, welche so tiefen Eindruck hervorbrachten, daß, wie früher die romanische, so nun auch die gotische Baukunst, als Ausdruck eines bestimmten konfessionellen Strebens, ihren Anhang verlor und die der alten griechischen und römischen nachgeahmte, sogen. augustische Bauart, oder die »Renaissance,« die Gemüter der Kunstverständigen eroberte. Durch das Aufgeben der Gotik fielen natürlich die Satiren des Meisels weg; die weiten Hallen, die schlanken, luftigen, von niederdrückenden Bogen unabhängigen, blumengekrönten Säulen und die niederen, mit dem Gebäude verwachsenen, über dasselbe wenig hervorragenden Türme und Kuppeln drückten eine die Menschheit in weitesten Maße umfassende, Überhebungen nicht duldende, Freiheit mit praktischer Menschenliebe verbindende Gesinnung aus. Freilich war dieser Baustil durch allerlei geschmackloses Schnörkelwerk verunstaltet; aber dies war nur ein Auswuchs des damaligen Geschmackes überhaupt, der sich auch in der Poesie durch die widerwärtigen Hirtengedichte offenbarte. Die Renaissance-Architektur wurde in England durch den in Italien gebildeten Maler Inigo Jones eingeführt, welcher 1607 unter Jakob I. Generalintendant der königlichen Bauten und zugleich Vorsteher der Freimaurer wurde, deren Logen er reformirte. Er führte statt der jährlichen vierteljährliche Hauptversammlungen ein; diejenigen Maurer, welche nur am Handwerke hingen und für höhere, geistige Bestrebungen keinen Sinn hatten, wurden veranlaßt, in die Zünfte zurückzutreten, während auf der andern Seite wieder begabte Männer, die nicht zum Handwerke gehörten, aber an der Baukunst und an den Bestrebungen der Zeit überhaupt Interesse hatten, sich den Logen unter dem Titel »angenommener Brüder« anschlossen. In diesem veränderten Bestande erwachte ein neuer, freier Geist unter den freien Maurern, genährt durch die überall auftauchenden Ideen einer von Glaubensvorurteilen abgelösten Menschenliebe. Unberechenbar viel trugen zu der neu auskeimenden Richtung bei die Bilder, welche Thomas Morus in seiner Utopia und Sir Francis Bacon in seiner »Neuen Atlantis« von Ländern entwarfen, die zwar nur in ihrer Phantasie existierten, aber ideale Zustände besaßen, wie aufgeklärte Männer sie auf die Erde herabwünschen mochten, sowie die Schriften des böhmischen Predigers Amos Komensky, lat. Comenius, welcher im dreißigjährigen Kriege von den Kaiserlichen aus seinem Vaterlande vertrieben worden und 1641 nach England gekommen war, – Schriften, welche kirchliche Engherzigkeit verdammten und eine weltbürgerliche Gesinnung empfahlen. Freilich litten die Logen, weil sich in ihnen Männer der verschiedensten politischen und religiösen Ansichten befanden, schwer unter der englischen Revolution und den Bürgerkriegen, die auf sie folgten; allein die später wiederkehrende Ruhe, die wissenschaftlichen Forschungen, denen die unter Karl II. gestiftete königliche Gesellschaft der Wissenschaften, im Gegensatze zu theologischen Grübeleien, großen Vorschub leistete, und endlich die Vertreibung des auf's neue konfessionelle Reibungen herbeiführenden Jakob II., gestatteten den Freimaurern, sich wieder zu erholen und ihre Arbeiten fortzusetzen. Dazu hatte namentlich auch der Wiederaufbau der im Jahre 1666 größtenteils abgebrannten Stadt London und insbesondere der großen Pauls-Kirche, dieses protestantischen Gegenstückes der Peterskirche in Rom, beigetragen, deren Baumeister, Christof Wren, der Bruderschaft angehörte. Nachdem jedoch diese Bauten vollendet waren, nämlich um die Zeit des Todes König Wilhelm's III. (1702), und demzufolge die Bauleute Mangel an Arbeit hatten, fühlten die Freimaurerlogen auf empfindliche Weise das Unzureichende ihrer bisherigen Organisation. Die Bauleute von Fach nahmen immer mehr ab, indem sie dahin gingen, wo ihnen Arbeit winkte, und die »Angenommenen Brüder,« bisher die Minderen an Zahl, sahen sich verwaist und ihre Lokale verödet. Man sah ein, daß es nicht genüge, Nichtmaurer aufzunehmen, sondern daß man, wenn die Logen fortdauern und ihre humanen Grundsätze weiter verbreiten wollten, erstens sich vom Handwerke und dessen Fesseln gänzlich ablösen und zweitens ein Band der Vereinigung unter den einzelnen Werkstätten schaffen müsse. Es waren keine weltumgestaltenden großen Geister, keine mit ehernen Zügen in das Buch der Weltgeschichte eingegrabenen Namen, deren Träger den genialen Gedanken faßten, aus der Werkmaurer-Gesellschaft eine geistig zu fassende Freimaurer-Bruderschaft zu bilden, an die Stelle des materiellen den symbolischen Bau zu setzen. Die beiden Theologen Theophil Desaguliers (zugleich Naturforscher und Mathematiker) und James Anderson und der Altertumsforscher Georg Payne standen an der Spitze der Männer, welche im Jahre 1717 die Vereinigung von vier Logen der Maurer Londons zu einer Großloge und die Wahl eines Großmeisters und zweier Großaufseher herbeiführten und damit den Freimaurerbund, wie er noch heute besteht, stifteten. Was Jerusalem dem Juden, Mekka dem Mohammedaner, Rom dem Katholiken, das ist London dem Freimaurer.

Jetzt waren die Maurer Englands keine Handwerksgenossenschaft mehr, sondern eine Gesellschaft von Männern aller Stände und Berufsarten, wie nicht minder aller Religionen (schon die genannten Stifter waren verschiedener Konfession), welche sich in dem höheren Gefühle der Menschlichkeit begegneten und keinen anderen Maßstab der Menschenwürde anerkannten, als Sittlichkeit, Herzensgüte und Wahrheitsliebe. Die neuen Freimaurer behielten die Sinnbilder der Werkmaurer, ihre Sprüche und Gebräuche bei; nur legten sie dieselben in moralischem Sinne aus. Sie bauten nicht mehr Häuser und Kirchen, sondern einen geistigen Tempel der Menschheit, benutzten das Winkelmaß nicht mehr zum Messen der rechten Winkel an Quadersteinen, sondern zur Berichtigung der Unebenheiten des menschlichen Charakters, den Zirkel nicht zum Beschreiben von Kreisen an Bauwerken, sondern zum Einschlusse aller Menschen in eine brüderliche Familienrunde.

Und wenn sie auch die konfessionellen Unterschiede und alle jene Dogmen nicht berücksichtigten, welche von Menschen erfunden worden sind, so warfen sie damit doch die Religion im allgemeinen nicht weg, sondern hielten fest an jenen zwei einzigen Glaubenssätzen, welche nie erfunden wurden, sondern sich dem menschlichen Geist und Herzen von selbst aufdrängen, – dem Dasein Gottes und der Unsterblichkeit der Seele. Sie eröffneten daher auch stetsfort jede Loge und schlossen auch eine jede mit Gebet zum »allmächtigen Baumeister des Weltalls,« und hielten Gedächtnisfeiern für abgeschiedene Brüder, von denen sie die Formel brauchten: er ist in den ewigen

Osten hinübergegangen, d. h. dahin, wo das Licht herkommt. In der Beibehaltung dieser beiden Grundsätze schlossen sich daher die Freimaurer an die damals unter den Gebildeten vorherrschende, vorzugsweise durch den großen englischen Philosophen Locke begründete, religiöse Richtung an, welche man mit dem Namen des Deismus bezeichnet.

Auch die politischen Parteien blieben unberücksichtigt unter den Freimaurern, und nur der Grundsatz war allen gemein, das Vaterland zu lieben, Gesetz und Ordnung zu achten und das Wohl des Volkes zu befördern.

Da dem neuen Bunde an seiner Einheit liegen mußte, so war einer der ersten Beschlüsse der Großloge dahin gerichtet, daß ohne ihre Genehmigung keine Loge als rechtmäßig betrachtet werden solle. Es giebt daher bis auf den heutigen Tag keine anerkannte Freimaurerloge, welche nicht ursprünglich und mittelbar von London aus gegründet worden wäre. Trotz dieser Beschränkung, ohne welche der Bund wieder zerfallen wäre, entstanden schon in den ersten Jahren nach seiner Gründung eine Menge neuer Logen, welche die Ermächtigung hierzu von Seite der Großloge erhielten. Bei dieser Zunahme des Bundes machte sich das Bedürfnis fühlbar, gemeinsame Gesetze zu besitzen, und im Auftrage der Großloge unterzog sich einer der Stifter, Anderson, der Aufgabe, die bisherigen Beschlüsse der Bundesbehörde mit den alten Urkunden und Gebräuchen der Maurer zu vergleichen und zu einem Ganzen zu bearbeiten; es ist das Konstitutionenbuch, welches noch gegenwärtig als Grundlage des freimaurerischen Thuns und Treibens gilt; es wurde öfter im Drucke herausgegeben und ist Jedermann zugänglich. Einen weitern Grundstein des Wesens der Freimaurerei legte die Großloge 1724 durch die Einsetzung eines Ausschusses für Mildthätigkeit und betrat damit eine der schönsten Stufen des Wirkens dieser Brüderschaft, diejenige nämlich der Hülfe in Not und Elend, nicht nur der Brüder, sondern aller Menschen.

Die innere Gliederung des Bundes endlich wurde vollendet durch die Einführung der Grade. Diejenigen Brüder nämlich, welche das Amt eines Meisters, d. h. des Ersten unter den einander gleichen Genossen oder Gesellen, bekleidet hatten, traten nach Ablauf ihrer Amtsdauer nicht mehr, wie früher, unter die einfachen Gesellen zurück, sondern bildeten eine eigene Abteilung, die der Meister, und anderseits wurden die Neuaufgenommenen nicht mehr sofort Gesellen, sondern hatten vorerst einige Zeit als Lehrlinge zuzubringen. So entstanden die drei Grade der Meister, Gesellen und Lehrlinge, wahrscheinlich um das Jahr 1720; andere, höhere Grade, waren damals noch unbekannt. Die Beförderung der Lehrlinge zu Gesellen und dieser zu Meistern, welche vorzunehmen erst nur die Großloge das Recht hatte, wurde bereits 1725 jeder einzelnen Loge bewilligt.

Die nun so mit den Grundlagen ihrer Eigentümlichkeit ausgestattete Freimaurerei breitete sich bald weiter aus. Es traten, von reisenden englischen Maurern oder von in England aufgenommenen Fremden gegründet, in allen civilisierten Ländern Logen ins Leben, welche sich, wenn sie zahlreich genug waren, baldmöglichst auch zu Großlogen vereinigten. So entstand 1730 die Großloge von Irland, 1736 von Schottland und von Frankreich, 1740 eine Provinzialloge von England in Hamburg, 1742 die Loge zur Einigkeit in Frankfurt a. M. und eine Loge in Wien, 1744 die große Mutterloge zu den 3 Weltkugeln in Berlin, 1734 die Loge des Großmeisters der Niederlande im Haag, 1743 eine Loge in Kopenhagen, 1755 eine solche in Stockholm, 1737 in Polen, 1738 in Rußland, 1737 eine Provinzialloge von England in Genf und 1739 eine Loge in Lausanne, 1733 eine solche in Florenz, schon

1727 und 28 Logen in Gibraltar und Madrid und 1735 in Lissabon, 1733 zu Boston in Nordamerika und von da aus bald in Philadelphia u. a. O. So war der Freimaurerbund innerhalb der ersten drei Jahrzehnte seines Bestehens bereits in allen civilisierten Ländern vertreten.

III. Die Verirrungen im Freimaurerbunde

Das Geheimnis ist zugleich die starke und die schwache Seite der Freimaurerei, – die starke, weil es den Bund zusammen hält, dasjenige Element ist, dem er seine lange Fortdauer verdankt, und das Eindringen Unberufener möglichst verhindert, – die schwache aber, weil es eine bequeme Handhabe zu Angriffen aller Art bietet, die um so frecher vorgehen zu dürfen glauben, je weniger sie von dem sog. Geheimnis wissen und verstehen, und weil es zugleich viele gesunde und achtbare Kräfte, die aber der Geheimnissucht abhold sind, vom Beitritte abhält. Daß der Inhalt dieses Geheimnisses, soweit es in seinem ursprünglichen Bestande blieb, ein höchst harmloser ist, indem er nichts weiter umfaßt, als die von den alten Steinmetzenbrüderschaften ererbten und später ausgeschmückten Aufnahmegebräuche, ändert an dieser Sachlage nichts, und daß dies der Fall ist, das hat die übertriebene Geheimnissucht gewisser Abteilungen der Freimaurer selbst verschuldet, welche, nicht zufrieden mit dem alten einfachen Geheimnis, das eigentlich diesen Namen gar nicht verdient, das schlichte Häuschen desselben durch allerlei schnörkelhafte Auf- und An-, Neben- und Hinterbauten verunstalteten und hierdurch einem Heere von Mißbräuchen, Entartungen und Verirrungen Thür und Thor öffneten.

Die erste Quelle der Übertreibung des Geheimnisses im Freimaurerbunde finden wir in einer Zeitrichtung, welche der Gründung des letztern weit vorangeht. Als die Menschheit, wie bereits (S. 14) angedeutet, der Religionskämpfe des Reformationszeitalters müde war, hatten nicht alle ihre Kreise die geistige Kraft, sich zu einem humanen Standpunkte zu erheben. Die meisten Glieder der gebildet sein wollenden Stände zeigten sich vielmehr abgestumpft für ernste und wichtige Bestrebungen, und so kam es, daß man im Übergange vom 16. zum 17.

Jahrhundert auf allerlei unnütze, irrige und nichtige Träumereien und Phantastereien verfiel, unter welchen die Afterwissenschaften der Astrologie und der Alchemie die größte Rolle spielten. Von diesen beiden Wahngebilden hatte naturgemäß das erste, weil sich sein Schauplatz am sternhellen Himmel befand und, ohne materielle Interessen zu suchen, nur Ruhm und Ehre als Ziele kannte, mehr einen öffentlichen Charakter, das letztere aber, das nur in düstern Gewölben mittels besonderer Vorrichtungen verfolgt werden konnte und die Habsucht vor allem reizte, einen vorzugsweise geheimen.

Es war daher natürlich, daß zunächst die Alchemie oder die vorgebliche Kunst, Gold und Silber hervorbringen zu können, zu Gedanken an geheime Gesellschaften Anlaß bot, namentlich wenn sie sich, wie damals oft der Fall war, mit mystischen, theosophischen (über Gott grübelnden) und kabbalistischen (die Bedeutung heiliger Wörter untersuchenden) Bestrebungen verband.

Für und gegen jenes mystische und abergläubische Treiben erschienen nun, namentlich seit dem Anfange des 17. Jahrhunderts, eine Menge Schriften. An diesem Federkampfe beteiligte sich ganz besonders der lutherische Theolog Johann Valentin Andreä aus Tübingen (geb. 1586, gest. 1654), welcher auf den merkwürdigen Gedanken geriet, jene Mystiker dadurch zu geißeln, daß er im Jahre 1614 in einer satirischen Schrift zum Scherze vorgab, es bestehe eine geheime Gesellschaft zum Zwecke derartigen Treibens, welcher er nach seinem Familienpetschaft, ein Andreaskreuz mit vier Rosen an den Enden darstellend, den Namen der Rosenkreuzer gab. Diese Schrift, betitelt Fama fraternitatis Rosae Crucis (Ruhm der Brüderschaft des Rosenkreuzes), leitete die angebliche Gesellschaft von einem Mönche, Namens Christian Rosenkreuz, ab, welcher im 14. und 15. Jahrhundert gelebt, sich nach dem heiligen Lande begeben, im Oriente sich in geheimen Wissenschaften unterrichtet, zur Pflege derselben aus Mitbrüdern seines Klosters den nach ihm benannten Bund gestiftet habe und 106 Jahre alt gestorben sei; 120 Jahre später habe man in seinem Grabe, das nach der Ordensregel geheim gehalten worden, aber in einem Gewölbe prachtvoll eingerichtet gewesen sei, auf seinem unversehrten Leichname ein pergamentenes Buch gefunden, welches die Verfassung und Geheimnisse des Ordens enthalten habe. Eine spätere Schrift »Chymische Hochzeit Christiani Rosenkreuz,« erschienen 1616, spann diese Fabel noch weiter aus. Nun war jene Zeit so verrannt in dem alchemistischen Wahn, daß man das Erzählte für bare Münze hielt und daß nun eine wahre Flut von Schriften erschien, in welchen die Einen für, die Anderen gegen die angebliche Gesellschaft der Rosenkreuzer auftraten. Zu den Letzteren gehörten die Theologen, welche in derselben ketzerische Grundsätze, und die Mediciner, welche darin Gefahr für ihren Zunftzwang witterten, während die Alchemisten mit Eifer die Rosenkreuzer aufsuchten und ihre Berechtigung verteidigten. Auch fehlte es nicht an Versuchen, das Symbol des Rosenkreuzes mystisch zu deuten, indem man darin bald die Heiligkeit, verbunden mit der Verschwiegenheit, bald das von Christo am Kreuz vergossene rosenfarbene Blut finden wollte. Erstaunt über den von ihm wider Willen hervorgerufenen Kampf des Unsinns gegen die Beschränktheit, wollte nun Andreä das gestiftete Unheil wieder gut machen, indem er mittels seiner Schriften: Mythologia Christiana und Turris Babel (der babylonische Turm) in die Welt hinausschrieb: es sei alles ein Scherz, die Brüderschaft sei ersonnen und existiere nicht. Umsonst jedoch übergoß er die rosenkreuzerischen Schriftsteller mit der ganzen Lauge seines Spottes. Umsonst stiftete er, um die Gemüter auf andere Bahnen zu lenken, eine »christliche Brüderschaft,« zu dem Zwecke, die Religion von Mißbräuchen zu reinigen und wahre Frömmigkeit zu pflanzen. – Der Unsinn dauerte fort, wurde von Abenteurern und Parteien aller Art gehörig ausgebeutet, und es kam so weit, daß sich in den Rheingegenden und den Niederlanden wirklich eine geheime alchemistische Gesellschaft unter dem Namen der Rosenkreuzer bildete, die sich daneben auch Fraternitas Roris cocti, Brüderschaft des gekochten Thaues, d. h. des Steins der Weisen nannte. Viele Menschen wurden von diesen Schwindlern um das Ihrige gebracht; es bildeten sich Verzweigungen der Gesellschaft in Deutschland und Italien. Auch in England verbreitete der Arzt Robert Fludd, ein eifriger Mystiker und Alchemist, durch zahlreiche Schriften den seltsamen Orden. Es sind über denselben allerlei Sagen entstanden, aber es ist nichts zuverlässiges über ihn bekannt; auch wann und wie er untergegangen, ist unenthüllt geblieben.

Auf welche Weise rosenkreuzerische oder ähnliche Thorheiten nach der Gründung des Freimaurerbundes in denselben eingedrungen sind, ist nicht mit Sicherheit bekannt. Man hat die Schuld davon vielfach den Jesuiten beigemessen, welche den Bund zu ihren Zwecken der Weltbeherrschung hätten mißbrauchen wollen. Diese Meinung ist zwar ohne Beweise geblieben; daß aber sämtliche Geheimbünde, welche in und neben der Freimaurerei im achtzehnten Jahrhundert auftauchten, einen römisch-katholischen Anstrich hatten, ist nicht zu verkennen. Dies gilt namentlich von den sogenannten neuen Gold- und Rosenkreuzern, die seit der Mitte des Jahrhunderts in sehr losem Zusammenhange mit der Freimaurerei erscheinen. Diese Leute, welche sich meist mit Astrologie, Alchemie, Geisterseherei, Teufelsbannerei und ähnlichem Unsinn beschäftigten, und deren Zusammenhang mit den alten Rosenkreuzern dunkel ist, bildeten eine besondere, vom Freimaurerbunde durchaus getrennte Organisation mit eigenen Oberen, eigenen Graden, die von denen der Freimaurer verschieden waren, und »Kreisen« statt der Logen. Aus den letzteren lockten sie viele Mitglieder an sich und gaben ihnen vor, ihr Bund sei nur eine Vorbereitung auf den Rosenkreuzerorden. Die Mitglieder führten phantastische Namen, kannten nur diejenigen ihres »Kreises« und mußten unbekannten Oberen Gehorsam schwören. Unter den Personen, welche sich bemühten, diesen Orden zu verbreiten, sind zu nennen: der berüchtigte Abenteurer und Geisterseher Johann Georg Schrepfer aus Nürnberg, welcher, als seine Gaukeleien ihn nicht mehr vor dem Ruine retten konnte, sich 1774 im Rosenthale bei Leipzig erschoß, – die beiden preußischen Minister Christoph Wöllner und Rudolf Bischofswerder, welche den König Friedrich Wilhelm II. zur Teilnahme am rosenkreuzerischen Treiben und zu dem berüchtigten, die Glaubensfreiheit knebelnden Religionsedikt von 1788 verlockten und der Jesuit Frank, welcher dem Kreise in München vorsaß und die Illuminaten bekämpfte. Abarten der Rosenkreuzer waren die asiatischen Brüder, besonders in Österreich vertreten, die afrikanischen Bauherren in Preußen, die Kreuzbrüder u. a., die alle mit der Freimaurerei nichts zu schaffen hatten.

In ähnlicher Weise wie die Rosenkreuzer zielten auch die beiden Betrüger Saint-Germain und Cagliostro dahin, mit Hilfe leichtgläubiger Freimaurer den Bund derselben an sich zu ziehen. Es gelang ihnen dies jedoch nur in sehr geringem Maße, so daß sich Cagliostro, der 1770 in London Freimaurer geworden, veranlaßt sah, eine besondere, wie er sie nannte, »ägyptische Freimaurerei« zu gründen, in welche sowohl Männer als Frauen aufgenommen wurden, und die in Goethe's »Groß-Kophta« geschildert ist. Mit seiner Einkerkerung durch die Inquisition in Rom, wo er 1795 starb, endete dieser Schwindel. Aber ein Abklatsch davon trat in unserm Jahrhundert von neuem auf. Wahrscheinlich unter Einwirkung von Napoleons Kriegszug nach Ägypten, entstanden unter seiner Regierung in Italien und Frankreich die beiden Systeme Misraim und Memphis, von denen jedes neunzig Grade zählte, deren Inhalt weder ernst, noch gefährlich, sondern kindischer Unsinn war. Ihre Mitglieder nannten sich zwar Freimaurer; aber ihre wenigen Logen sind von den wirklichen Freimaurern nicht anerkannt worden, und um das Jahr 1870 ist Misraim erloschen, während die beiden noch allein übrigen Logen von Memphis ihren »ägyptischen« Ritus aufgaben und dann in den Schoß des französischen Großorientes aufgenommen wurden.

In weit engerm Zusammenhange mit der Freimaurerei als diese Spielereien, steht die unheilvolle Neuerung der sogenannten Hochgrade, welche unter den verschiedensten Formen die echte Freimaurerei entstellt und bei der Außenwelt in Mißkredit gebracht haben. Zu dem Aufkommen dieser Erscheinung haben mehrere Umstände beigetragen, sowohl innere als äußere. Zu den inneren zählen wir die vermehrte Geheimnissucht und Eitelkeit vieler Freimaurer und zu den äußeren die Versuche gewisser römisch-katholischer und stuartistischer Kreise, die Freimaurerei in ihr Interesse zu ziehen.

In England entstand um die Jahre 1741–43 der sogenannte Royal-Arch-Grad (Grad des königlichen Gewölbes), zuerst als obere Abteilung des Meistergrades, dann aber als selbständiger vierter Grad. Die Ceremonien desselben sind durchaus denen der katholischen Kirche nachgeahmt, und der Bund wird darin zum ersten Male ein Orden genannt; die Versammlungen heißen »Kapitel,« die Schreiber tragen Chorhemden und die Gesetze haben über dem Bilde einer Arche die Überschrift » nulla salus extra« (kein Heil außerhalb). Das Übrige ist kindische Spielerei. Der Grad besteht noch heute fort.

Um dieselbe Zeit wie in England der Royal-Arch-Grad entstanden in Frankreich die sogenannten schottischen Grade. Der Name rührte daher, daß von der Partei der aus England vertriebenen Familie Stuart, welche auf deren Wiedereinsetzung hinarbeitete, die Fabel verbreitet wurde, es wären die Freimaurer während der Kreuzzüge in Palästina entstanden und hätten sich dort mit den Johanniter-Rittern verbunden; nach den Kreuzzügen seien dann zuerst in Schottland und später in England und anderen Ländern Logen entstanden. Später setzte man an die Stelle des noch bestehenden Ordens der Johanniter den aufgehobenen der Templer, und behauptete, nach dessen Unterdrückung sei von flüchtigen Templern aus der schottischen Insel Mull 1314 der »Freimaurerorden« gestiftet worden. Obschon weder die Großloge von Schottland, noch irgend eine maurerische Urkunde dieses Landes von dieser Fabel irgend etwas weiß, fand dieselbe bei den Vornehmen im Freimaurerbunde Anklang und blendete die vielen historisch unwissenden Brüder, die in den nicht sehr skrupulösen französischen Logen Aufnahme gefunden hatten. Weil aber durch jene Behauptung dem Vaterlande der Stuarts, Schottland, der erste Rang in der Geschichte der Maurerei eingeräumt wurde, kam dann die Sonderbarkeit auf, die höheren Grade schottische, oder, nach dem Schutzheiligen dieses Landes, auch St. Andreas-Grade, und die Logen, in welchen dieser Unsinn getrieben wurde, schottische oder St. Andreas-Logen zu nennen. Zum Inhalte ihrer Aufnahmen wählte man die in den Traditionen der englischen und französischen Handwerker eine große Rolle spielende Mythe vom Tode des Baumeisters Hiram und lehrte die Aufgenommenen, diesen Tod zu rächen, worunter von Seite der Urheber dieses Treibens nichts anderes verstanden wurde, als die Rache für die Vertreibung der Stuarts und für die Leiden, welche der katholischen Kirche durch die Reformation und die Aufklärung bereitet worden waren. Diese Auffassung wurde später aufgegeben, ihre Form aber zu einem System von 33 Graden verarbeitet in Amerika kultiviert, wohin sie durch den französischen und namentlich Abenteurer Stephan Morin 1761 gebracht wurden und von wo sie im Jahre 1803, nachdem sie während der Revolution in Frankreich in Verfall geraten waren, – als Neuigkeit zurückkehrten! Die Titel dieser Grade sind hochtrabend und nichtssagend zugleich: es gibt: Großschotten, Ritter vom Osten, Großprinzen von Jerusalem, Großpriester, Ritter der ehernen Schlange, Fürsten der Gnade, Groß-Inquisitoren (!!), Fürsten des königlichen Geheimnisses u.s.w. Auch der Royal-Arch-Grad wurde in das System eingefügt und ein Grad nach dem Rosenkreuzer-Orden benannt, und in einigen Abarten dieser Kinderspielereien kamen gar die Namen vor: Affen- und Löwenritter, und wieder: »Kaiser vom Osten und Westen.« Das Erhabene grenzt eben oft an das Lächerliche. Die Versammlungen aller dieser Grade erhielten bezeichnender Weise die Benennung von Kapiteln und Konsistorien.

Die erste ernstliche Einführung des falschen Templertums in die Maurerei fand in Frankreich statt, und zwar angeblich mit Hilfe der Jesuiten. In ihrem Kollegium zu Paris, Clermont mit Namen, fanden die Unternehmungen der Stuarts zur Wiedererlangung des englischen Thrones lebhafte Unterstützung, und zugleich gründete der Ritter von Bonneville am 24. November 1754 ein Kapitel der Hochgrade, das sich »Kapitel von Clermont« nannte, und dessen Mitglieder größtenteils Anhänger der Stuarts waren. Hier wurde jene Sage von der in Schottland vollführten wunderbaren Verwandlung der Templer in Freimaurer erfunden, gelehrt und bei den Aufnahmen in die höheren Grade aufgeführt, wo die Mitglieder die Rüstung und Kleidung der Templer trugen und der Tod des Großmeisters Molay an die Stelle des Todes Hirams trat, unter welch' letzterm, wie man behauptete, auch eigentlich blos Molay gemeint sei. Durch dieses Kapitel erstreckte sich der Einfluß der Jesuiten bald auf die gesamte französische Maurerei.

Sicherlich weder aus Zufall, noch aus Patriotismus, erklärte sich gleich im folgenden Jahre die bisher von England noch abhängige französische Großloge unabhängig und nahm Statuten an, nach welchen die »schottischen Meister« (die man in England und selbst in Schottland nicht kannte), die Oberaufsicht über die Arbeiten führen sollten, allein die vorgekommenen Fehler tadeln konnten, die Freiheit hatten, das Wort zu ergreifen, stets bewaffnet und bedeckt zu sein, und wenn sie selbst Fehler begingen, blos von »Schotten« zur Rede gestellt werden durften. Ferner mußten die Aufzunehmenden getauft sein. Der Bund hieß nur noch Orden, die Oberen Groß-Inspektoren, die größeren Versammlungen sogar Koncilien! Nach Aussage eines Maurers war einer der höheren Grade, der des Rosenkreuzers, geradezu nichts anderes, als die in Szene gesetzte katholische Religion!

Mittlerweile hatte der blühende Unsinn auch in Deutschland Eingang gefunden. Seit 1742 bestand eine »schottische Loge« in Berlin, und es wirkte für den neuen Wahn namentlich ein Mann, welchen man den deutschen Don Quijote nennen könnte. Sein ganzes Dichten und Trachten der Idee einer Wiederherstellung der mittelalterlichen Ritterorden widmend, wurde er, obschon ohne schöpferischen Geist und nur ein betrogenes und mißleitetes Werkzeug anderer, zu einer der einflußreichsten Persönlichkeiten seiner Zeit im Gebiete der geheimen Gesellschaften. Es war Karl Gotthelf von Hund und Altengrottkau, reicher Gutsbesitzer in der Lausitz (geboren 1722). Auf seinen Reisen, die er nach dem Tode seiner Jugendgeliebten unternahm, der ihn so sehr ergriffen haben soll, daß er deshalb sich nie vermählte, – trat er zu Frankfurt am Main in den Maurerbund, zu Paris aber zugleich in den neuen Templerorden und in die katholische Kirche, worauf er dem Prätendenten Karl Eduard Stuart vorgestellt wurde, welcher, wie man ihm zu verstehen gab, einer der höchsten Ordensoberen war, und dessen Uniform Hund von da an in Paris trug. Später kam er in Mastricht mit dem »Ritter von der goldenen Sonne« zusammen, dessen wahren Namen er nicht erfuhr, von dem er aber in geheimnisvoller Weise zum »Heermeister« des neuen Ordens für Deutschland ernannt worden sein soll. Nach seiner Rückkehr gründete er auf einem seiner Güter eine Loge, in welcher er mit anderen großen Kindern Templer spielte. Die dortigen Ordenskapitel führten lateinische Protokolle und Korrespondenzen und berieten den Plan, Waisenhäuser zu stiften und dieselben allmählich in Kriegsschulen zur Rekrutierung des Ordens zu verwandeln.

Dies harmlose Treiben stand nun allerdings entweder gar nicht mit den Jesuiten in Verbindung oder war wenigstens ein ganz unschädlicher Ableger des Treibens derselben, die einem ehrlichen Schwärmer von Hunds Schlage zu keinen ernsten Schritten verwenden konnten.

»Um diese Zeit,« sagt ein zeitgenössischer Schriftsteller, »brach der siebenjährige Krieg aus. Die französischen Kriegsvölker kamen nach Deutschland und mit ihnen viele Jesuiten. Bei der französischen Armee, besonders bei dem Kommissariat, waren denn auch Freimaurer von höheren Graden in großer Zahl, und es war keine geringe Spekulation von einigen solcher Herren, die mysteriöse Ware in Deutschland zu Gelde zu machen. Ich habe einen französischen Commis gekannt, der einen ganzen Wagen voll Freimaurerdekorationen zu ungefähr 45 verschiedenen Graden mit sich führte, die er für Geld von Straßburg bis nach Hamburg austeilte. Von dieser Zeit an begnügte sich fast keine einzige deutsche Loge mehr mit den drei symbolischen Graden; aber fast jede hatte eine andere Reihe von höheren Stufen, je nachdem sie einem andern Windbeutel in die Hände gefallen war, und so veränderte sie auch ihr System, wenn ein neuer Apostel ankam, der sie reformierte.«

Ein solcher Apostel des Schwindels war der Marquis von Lernais oder Lerney, welcher als Kriegsgefangener nach Berlin gekommen war und dort die jesuitische Lehrweise des Kapitels von Clermont beförderte. Ein anderer war der zu Berlin als »Ritter von Jerusalem« eingeweihte Theolog Philipp Samuel Rosa, früher Superintendent, aber wegen ärgerlichen Lebens entsetzt; er ließ sich in Halle nieder und bereiste von dort aus Deutschland, um mit Hochgraden Handel zu treiben, während er daneben auch Gold zu machen vorgab. Ein Dritter tauchte auf in dem Betrüger Leuchte, auch Becker genannt, der sich nach dem Frieden von 1763 als »Baron von Johnson a Fünen« herumtrieb, in Jena ein Hochkapitel der Tempelherren gründete und selbst Rosa blendete, der dann, als sein Nimbus fiel, aus Halle vertrieben wurde. Als Hund von dem Spektakel hörte, das Johnson mit seinem Ritterwesen trieb, hielt er ihn für den von ihm längst gesuchten »unbekannten Obern,« huldigte ihm in vollem Ornate vor dem Ordenskapitel des Konventes von Altenberge (in Sachsen-Gotha) 1764 knieend, entdeckte aber endlich seine Betrügerei und entlarvte ihn, worauf der Schwindler floh, aber ergriffen, auf die Wartburg gebracht und bis an seinen Tod (1775) in Luthers Zimmer verwahrt wurde. Nun war Hund unbestrittenes Oberhaupt der neuen Templer in Deutschland und gründete die sogenannte »strikte Observanz« (im Gegensatze zur laten d. h. zur echten Freimaurerei), ein System von sieben Graden, nämlich den drei alten, dem vierten des »schottischen Meisters,« dem fünften des »Novizen,« dem sechsten des »Tempelherrn,« und dem siebenten des Eques professus(!). Alle Ritter trugen lateinische Ordensnamen. Hund hieß Eques ab ense, andere z. B. a sole, a leone, a cygno, a balaena, a scarabaeo, a cancro aureo, a talpa u. s. w. Sechsundzwanzig deutsche Fürsten gehörten dem Orden an, der bald über beinahe alle deutschen Logen herrschte, sein eingebildetes Weltreich in Provinzen, Priorate, Präfekturen und Komthureien teilte, Apostel der strikten Observanz nach Frankreich und anderen Ländern sandte, und sogar bewirkte, daß sich ihm der Groß-Orient des letztgenannten Landes anschloß. Ja, der Schwindel blendete sogar unsern großen Lessing, der (1771 aufgenommen), in seinem »Ernst und Falk« (1778), neben herrlichen Äußerungen über Maurerei, die Herkunft derselben von den Templern verteidigte! »Hierdurch nun veränderte sich,« sagt unser Zeitgenosse, »der Geist der Freimaurerei ganz und gar. Statt daß bis jetzt Freiheit, Gleichheit und Bruderband die Stützen des Ordens gewesen waren, so handelte man nun nach politischen Rücksichten, führte eine unerhörte, auf keine Art von Recht noch Zutrauen gegründete Subordination ein, – – und die Aufnahme in den sogenannten hohen Orden wurde mit teuerm Gelde bezahlt und hierunter die schlaue Absicht verborgen, die Kassen ansehnlich zu machen – –und zuletzt einen Reichtum zusammenzuscharren, den vielleicht in der Folge die, welche den ganzen Plan erfunden hatten, ad maiorem Dei gloriam genützt haben würden.« Die deutschen Logen, welche sich dem unmaurerischen Flitterkram und Kinderspiel nicht fügten, wurden verachtet, ja verketzert, und die Loge zur Einigkeit in Frankfurt am Main konnte ihre Unabhängigkeit nur dadurch retten, daß sie sich von London aus als englische Provinzialloge erklären ließ.

Die Herrlichkeit des neuen Templertums war nicht von langer Dauer. Hunds Vermögen ging durch den Krieg und durch die Opfer, die er dem Orden brachte, auf die Neige; denn er wurde in seiner Schwärmerei und Gutmütigkeit arg mißbraucht, und es hieß, »manche große und kleine Lichter hätten aus den Kassen ansehnliche Summen in saccum gesteckt und wären auf einmal reich geworden.« Die Deputirten der Logen zu den öfteren Konventen ließen es sich wohl sein und traten mit Pracht auf. Namentlich aber erschien von Zeit zu Zeit ein Abgesandter der angeblichen unbekannten Oberen unter dem Namen und der Gestalt eines »Ritters vom roten Federbusche« bei Hund, bot ihm Aktien zu fünf- und zehntausend Thalern an, zum Zwecke von Handelsoperationen in Labrador, wo der Orden große Etablissements besitze, und Hund mußte aus seiner Provinz jährlich fünfhundert Thaler hergeben, – ohne (natürlich!) je etwas aus Amerika zurückzuerhalten. So kam es, daß er endlich seine Güter dem Orden zu verschreiben wünschte und demselben sogar anbot, ihm auf seinen Tod andere zu verschreiben, falls er auf die einen Geld erhielte, wodurch die neuen Templer für 42000 Thaler einen Wert von einer halben Million Thaler erhalten hätten. Aber der Orden hatte selbst kein Geld und wußte auch keines zu schaffen.

So hatten die hinter der Szene steckenden unbekannten Ausbeuter (hinter denen man aber vielfach die Jesuiten witterte) endlich Hund's Spielerei, die ihnen nichts mehr einbrachte, satt und erkoren sich nun zum Werkzeuge den protestantischen Theologen Johann August von Starck (geb. 1741 in Schwerin), der 1766 in Paris katholisch wurde, aber nichtsdestoweniger nachher Professor der Theologie in Königsberg, dann Oberhofprediger und Generalsuperintendent daselbst und später in Darmstadt war. Er stellte der weltlichen Templerei Hunds eine geistliche, das sogenannte Klerikat der alten Templer, entgegen und behauptete, nur dieses besitze die wirklichen Geheimnisse der Templer, auch sei das bisher unbekannte Oberhaupt des Ordens ihm bekannt und Niemand anders, als der »Ritter von der goldenen Sonne,« d. h. der Prätendent Karl Eduard Stuart; er täuschte damit in der That den Don Quijote des achtzehnten Jahrhunderts, und bewirkte, daß die Ritter Herrn von Hund fallen ließen. Dieselben waren jedoch keineswegs geneigt, sich den Klerikern zu unterwerfen, deren katholischer Pomp Mißbehagen erregte, und wählten 1772 auf dem Konvente zu Kohlo in der Lausitz keines der Häupter beider Systeme, sondern den Herzog Ferdinand von Braunschweig zum Großmeister des Ordens. Ja, auf dem Konvente zu Braunschweig (1775) wurde endlich Hund, welcher bloßer Heermeister geblieben, ernsthaft nach seinen Ausweisen gefragt, und, als er solche nicht zu bieten wußte, von der Leitung des Ordens entfernt, – welches Schicksal ihm ein Jahr darauf (zu Meiningen) das Herz brach. Er wurde im Ritterornate vor dem Altar der Kirche zu Melrichstadt beigesetzt.

Nach seinem Tode erschien ein neuer Apostel der falschen Templerei, ein rätselhafter Mensch, von dem weder die Zeit noch der Ort seiner Geburt und seines Todes bekannt sind, der sich aber gegenüber Vertrauten als Sendling der Jesuiten bekannte. Er nannte sich Gugomos, Freiherr und Professor der Künste, war badischer Kammerjunker und Regierungsrat, auch Mitglied der strikten Observanz unter dem Namen »Ritter vom triumphierenden Schwan,« und trat zum ersten Mal in die Öffentlichkeit durch seine 1776 ausgehende Einladung zu einem Konvente nach Wiesbaden, aus welchem er, wie er behauptete, Unterricht in der wahren Templerei erteilen wolle. Es lag in dem widerspruchsvollen Geiste jener aufgeklärten und doch daneben so leichtgläubigen Zeit, daß dieser sonderbaren Einladung viele Ritter, unter ihnen sogar einige Fürsten, folgten und die Lügen und Schwindeleien des neuen Propheten mit Bewunderung anhörten. Gugomos rühmte sich genossener Einweihungen, deren Schilderung auffallend an die Exerzitien der Jesuiten erinnerte, wies Insignien und Vollmachten eines »heiligen Stuhles« auf Cypern vor, welche Kruzifixe und ähnliche katholische Verzierungen trugen, und behauptete, der Orden, dem er angehöre, und von welchem der Templerorden blos ein Zweig gewesen, sei schon vor Mose entstanden und habe unter seinen Großmeistern ägyptische, jüdische und andere Könige, griechische Philosophen, selbst Christus, sowie Apostel und Päpste gezählt, – die Templer hätten sich in Cypern (also nicht in Schottland!) fortgepflanzt und die dortigen Erzbischöfe seien die rechtmäßigen Nachfolger der Großmeister. Die freimaurerischen Grade, faselte er, seien eine spätere Neuerung des ursprünglich ritterlichen und klerikalen Systems, dessen Organisation, nach seinen Angaben, vollkommen derjenigen des Jesuitenordens glich. Zur Belehrung in den geheimen Wissenschaften, fuhr er fort, müsse ein heiliger Tempel erbaut werden, bei dessen Einweihung das »natürliche Feuer« vom Himmel fallen werde. Mehrere durchschauten den Charlatan; andere gingen in's Garn und ließen sich von ihm einweihen. Bei dieser Operation mußten sie fasten, ihre Meinungen über verschiedene ihnen vorgelegte Fragen aufsetzen, welche letzteren nach unserm Zeitgenossen »so abscheulich, so teufelisch und doch dabei so zweideutig listig abgefaßt waren, daß sie sich zugleich moralisch, religiös und chymisch (?) ausdeuten ließen, eine unvorsichtige Beantwortung aber als Dokument gegen den Beantworter hätte gebraucht und diesen von dem Herrn Aufnehmer hätte abhängig machen können.« Dann mußten die Kandidaten an die unbekannten Oberen lateinische Bittschriften richten, sich dem »heiligen Stuhle« (angeblich in Cypern, wirklich in Rom!) unterwerfen, und das Versprechen ablegen, »unter Umständen gegen ihr Vaterland die Waffen zu tragen.« Als indessen Gugomos sah, wie wenig Zutrauen man ihm schenkte, verschwand er plötzlich – und mit ihm auch die den Jesuiten zugeschriebene Einwirkung auf die deutsche Maurerei. Die an der Spitze der letztern stehenden Ritter waren aber des Spiels mit unbekannten Obern endlich müde, und als man einen Abgeordneten, den Advokaten Karl Eberhard Wächter, nach Italien gesandt hatte, wo er bei dem Prätendenten Karl Eduard in Florenz

Audienz erhielt, dieser aber leugnete, je Freimaurer gewesen zu sein, nahm die Templerei rasch an Ansehen ab und wurde zuletzt 1782 auf dem Konvent im Wilhelmsbade bei Hanau, in Folge der Aufklärungen, welche der Schriftsteller Christoph Bode über das Treiben der ungeachtet ihrer Aufhebung fortwirkenden Jesuiten und ihrer Werkzeuge gab, förmlich aufgelöst. Über ihrem Grabe blühte die echte Maurerei schon im folgenden Jahre im »Eklektischen Bunde« neu auf, während Bode's kühnerer Entwurf eines allgemeinen deutschen Freimaurerbundes (1790) scheiterte. Ein Teil der Maurer aber, welcher sich mit der Einfachheit eines Bundes der Menschenliebe nicht begnügen konnte oder wollte, weil er mystischen und fantastischen Gaukeleien und Schwindeleien besser zugänglich war, wandte sich einem neuen am Horizonte des Geheimbündlertums aufsteigenden Gestirne zu.

Die schwedischen Maurer hatten in der Mitte des 18. Jahrhunderts das auch bei ihnen eingedrungene echte englische Maurertum zu einfach und schlicht gefunden, und verlangten nach mehr Glanz und Pomp, Geheimnissen und Abstufungen. Diesem vermeintlichen Bedürfnisse suchte der phantastische König Gustav III. abzuhelfen durch die Bearbeitung eines neuen, des schwedischen Systems, welches aus der wirklichen Maurerei, der strikten Observanz und dem, was man unter »Rosenkreuzerei« verstand, vorzüglich aber aus dem Systeme von Clermont, zusammengebraut wurde, und bei dessen Schöpfung die damals erscheinenden Schriften und Lehren des bekannten schwedischen Mystikers und Geistersehers Immanuel Swedenborg nicht unwirksam gewesen sein mögen. Gustav verband mit dieser Schöpfung zugleich den Plan, mittels der Freimaurer, die er durch Pomp gewann, sich die ihm lästige Adelspartei vom Halse zu schaffen. Bald nach dem Inslebentreten des schwedischen Systems geschah es nun, daß ein deutscher Freimaurer, Johann Wilhelm Ellenberger, welcher durch Adoption von seinem mütterlichen Oheim den Namen Zinnendorf erhielt und seines Berufes Militärarzt war, mit der strikten Observanz, der er als »Ritter vom schwarzen Stein« und als Präfekt der Mark Brandenburg angehörte, zerfiel und daher zur Befriedigung seines Ehrgeizes ein neues angeblich maurerisches Licht aufstecken wollte. Er sandte 1765 einen seiner Freunde nach Schweden, von dessen neuen Mysterien er gehört hatte, – um diese letzteren kennen zu lernen. Durch List erhielt der Reisende die Akten des schwedischen Systems, brachte sie Zinnendorf, und dieser erklärte sofort die strikte Observanz als Betrug und gründete nach dem schwedischen System mehrere neue Logen in Norddeutschland, welche sich 1770 zu der sogen. Großen Landesloge von Deutschland vereinigten. Obschon die schwedische Großloge gegen die Berechtigung Zinnendorfs zur Gründung von Logen nach ihrem System förmlich protestierte, breitete sich die neue Schöpfung aus und Zinnendorf leitete dieselbe bis an seinen Tod, welcher 1782 durch einen Schlagfluß eintrat, während er gerade, den Hammer in der Hand, eine Loge eröffnen wollte. Die von ihm geschaffene »große Landesloge von Deutschland,« welcher jedoch dieser Titel nicht mit Recht zukommt, da sie nur einen kleinen Teil der deutschen Logen unter sich hat, besteht noch heutzutage.

Das schwedische System hat zehn Grade und beruht auf der Annahme, daß gewisse Geheimnisse von Christus an sich durch die Apostel, die Tempelkleriker und die Baugenossenschaften hindurch fortgepflanzt haben, und auf der Fabel, daß ein Neffe des Großmeisters Beaulieu, eines Vorgängers Molay's, den Letztern während dessen Gefangenschaft besucht habe und auf dessen Anleitung in die Gruft seines Oheims hinabgestiegen sei, wo er in einem verborgenen Kasten die Insignien und Urkunden des Ordens gefunden habe, die dann von Paris nach Schottland und von da nach Schweden geflüchtet worden seien. Die Symbole der höheren Grade erinnern an das templerische Rittertum und an die katholische Kirche, so z. B. das Lamm Gottes. Die Ceremonien des höchsten Grades sollen der Messe sehr ähnlich sehen und seine Mitglieder verpflichtet sein, beständig das rote Kreuz der Tempelherrn auf der Brust zu tragen, alle Abende das Gebet des heil. Bernhard zum Lamm Gottes (!) herzusagen, am Charfreitag bis Sonnuntergang zu fasten, dann drei Schnitten Brot mit Salz und Öl zu genießen, beim Abendessen aber sich des Lamm- und Taubenfleisches (!) zu enthalten, – was jedoch heutzutage schwerlich mehr beobachtet wird. Der oberste Würdenträger des Systems führt den Titel: Vikar Salomons. Mehrere ausgezeichnete Mitglieder desselben, darunter der berühmte Dichter J. H. Voß, haben seine Ceremonien »nichtig, unnütz und lächerlich« genannt. Auch zeichnet sich dasselbe unvorteilhaft durch die hartnäckige Verweigerung der Aufnahme von Juden aus. Eine geistreiche Organisation ist ihm jedoch nicht abzusprechen. Das schwedische System, welches seit 1853 auch in Dänemark eingeführt ist, ist dasjenige, welches durch die bekannte Schrift »Sarsena« veröffentlicht wurde; wer also glaubt, durch die letztere die wahre Freimaurerei kennen zu lernen, der befindet sich in einem kolossalen Irrtum; – er hat nur ein geschickt gemaltes Zerrbild davon zu sehen bekommen.

Während so eine dem falschen Templertum ähnliche Anstalt im Norden Europa's fortlebt, feierte ersteres unerwarteter Weise im Westen eine Auferstehung. Es sind nämlich in unserm Jahrhundert neue sogenannte Templerorden in Frankreich, Großbritannien und Nordamerika entstanden. Die französischen Neutempler gingen den Freimaurerbund gar nichts an und sollen schon 1848 sich aufgelöst haben. Ihr Treiben war nichts als lächerliche Maskerade in Templermänteln.

Die Neutempler in England, Schottland, Irland und Amerika gingen fast sämtlich aus den sogenannten höheren Graden der Freimaurerei hervor, sind jedoch den alten, echten drei Graden derselben, sowie den anerkannten Großlogen, durchaus fremd; denn die Großlogen aller vier genannten Länder anerkennen die meisten Hochgrade nicht, sondern überlassen diese Spielerei den einzelnen Logen und Brüdern. Die maurerischen Templer in Schottland zerfallen in zwei Parteien, von welchen jede die einzig echten Ritter zu besitzen behauptet; es giebt dort aber auch sogenannte Templer, welche aus dem Johanniter-Orden hervorgingen und mit der Maurerei nie etwas zu schaffen hatten. Auch die englischen Templer teilen sich in zwei sich bekämpfende Parteien, deren jede aus den Kreuzzügen stammen will. Von einer derselben haben sich die irischen und amerikanischen Templer abgezweigt. In alle solche Templerorden können nur solche Christen aufgenommen werden, welche glauben, daß Christus in der Absicht, die Sünder mit seinem Blute zu erlösen, in die Welt gekommen sei, und müssen schwören, diesen Glauben mit ihrem Schwerte zu verteidigen und mit ihrem Blute zu besiegeln. Man hat jedoch leider von ihren Thaten zu Gunsten des bedrohten Glaubens noch nie etwas gehört! Die irischen und amerikanischen Templer und ein Teil der schottischen müssen überdies die Grade eines »Rosenkreuzers« (den 18.) und eines »Kadosch« oder »Heiligen« (! den 30. des sogenannten schottischen Systems) besitzen. Alle aber kleiden sich in ihren Versammlungen in das Kostüm der alten Templer. In Amerika erscheinen sie in diesem sogar schon auf der Reise zur Versammlung, und es ist ihnen schon begegnet, daß sie vom Volke für wandernde Schauspieler oder Kunstreiter gehalten wurden! Ihre Vereine heißen Encampments (Heerlager); diejenigen der Vereinigten Staaten von Nordamerika, 42 an der Zahl, stehen unter 13 Groß-Komthureien und einem General Grand Encampment. Ihre Beamten sind denjenigen der alten Templer nachgebildet und je nach Geschmack, Thorheit und Eitelkeit bedeutend vermehrt; es giebt unter ihnen Schwertträger, Fahnenträger, Prälaten, u. a. Einzelne Grade nennen sich: Ritter vom roten Kreuz, Ritter von Malta u. s. w.. Die bedauernswerten Ritter beraten sogar »Exerzierreglemente« (!!), und es ist unbegreiflich, aber dennoch wahr, daß ganz bedeutende und geistreiche Männer, welche im Staatsleben eine hervorragende Rolle spielen, diesen kindischen Prunk mitmachen!

Als Anhang zu den maurerischen Verirrungen erwähnen wir noch die in Frankreich zu verschiedenen Zeiten aufgekommenen Frauenlogen, in welchen weibliche Personen unter besonders für sie eingerichteten Ceremonien aufgenommen und in verschiedene Grade befördert wurden, und als deren Vorsteherinnen vor der Revolution die unglückliche Prinzessin von Lamballe, zur Zeit Napoleons die Kaiserin Josephine, unter der Restauration die Herzogin von Larochefoucauld genannt werden. Jetzt sind sie in Europa verschwunden; aber es giebt noch welche in Brasilien.

IV. Die Verfolgungen der Freimaurer

Der Freimaurerbund hat unter allen Gesellschaften der Welt die mächtigste Ausdehnung gewonnen und das Meiste zur Beförderung religiöser und politischer Duldsamkeit und zur Abschaffung barbarischer Einrichtungen und Gebräuche beigetragen. Deshalb ist er auch von allen Machthabern, Sekten und Individuen, welche ihre Anmaßungen, Mißbräuche und Interessen durch ihn bedroht sahen, stets auf die gehässigste Weise angegriffen worden.

An die Spitze der Verfolgungen, welche den Freimaurerbund trafen, stellen wir, wie billig, jene, welche von dem »heiligen Vater der Christenheit« ausgingen. – Schon zwanzig Jahre nach der Stiftung des Freimaurerbundes, als bereits in Rom durch Engländer eine Loge gegründet, doch schon wieder eingegangen war, im Jahre 1738, erließ Papst Clemens XII. die Bulle »in emitenti,« durch welche er die Freimaurer exkommunicierte, ihnen keine andere Absolution, als durch den jeweiligen Papst gestattete und die Geistlichen, als »Inquisitoren der ketzerischen Verderbtheit« anwies, gegen die Übertreter des Bannfluches »vorzugehen und zu inquirieren, und sie als der Ketzerei gar sehr verdächtig mit angemessenen Strafen zu belegen und in Schranken zu halten, – nötigenfalls auch mit Anrufung der Hülfe des weltlichen Armes.« Begründet wurde diese Exkommunikation 1. durch den Umstand, daß die Freimaurer jeder Religion und Sekte angehören und sich »mit einer gewissen zur Schau getragenen Rechtschaffenheit begnügen« (d. h. sie wurden verdammt, weil sie tolerant und rechtschaffen sind!!!), 2. dadurch, daß sie im Geheimen arbeiten und sich durch einen Eid unter Androhung der schwersten Strafen zur Wahrung der Geheimnisse verpflichten, 3. daß sie die schwersten Schäden nicht blos der Ruhe des weltlichen Staates, sondern auch dem geistlichen Wohle der Seele zufügen, 4. daß sie im Widerspruche mit den bürgerlichen und kanonischen Gesetzen stehen. Diese Behauptungen jedoch zu beweisen, unterließ der Papst vollständig!

Die Bulle Clemens XII. wurde zwar vom Kardinal-Staatssekretär Firrao im Kirchenstaate bekannt gemacht, den Freimaurern Güterkonfiskation, Todesstrafe, Niederreißen ihrer Versammlungshäuser angedroht und den Kandidaten des Bundes bei Geld- oder Galeerenstrafe die Anzeige zur Pflicht gemacht; in den übrigen Ländern aber wurde die Bulle wenig beachtet; ja der Bund nahm seit dem Beitritte Friedrichs des Großen (1738), der ihm sein ganzes Leben lang treu blieb, einen so kräftigen Aufschwung, daß Papst Benedikt XIV., von welchem erzählt wird, daß er selbst Freimaurer gewesen, sich genötigt glaubte, die Maßregel Clemens XII. durch die Bulle »Providas« von 1751 zu bestätigen. Der Erfolg war jedoch derselbe, obschon auch die altersschwache Sorbonne (theologische Fakultät) in Paris 1748 gegen den verhaßten Bund ihren Fluch geschleudert hatte. Der Bund bestand nicht nur fort, sondern wuchs sogar, obschon ihn der Felsen Petri zu zermalmen drohte, und der letztere schwieg daher, bis er nach Wiederherstellung des Jesuitenordens im Jahre 1814 die rechte Zeit gekommen glaubte, durch ein Edikt des Kardinal-Staatssekretärs Consalvi unter Pius VII. die Freimauererbrüderschaft auf's Neue zu verdammen, worauf einem freimaurerischen Kaufmanne, der noch zu rechter Zeit geflohen war, die Güter eingezogen und auf offenem Markte verkauft wurden. Schon 1821 wiederholte dies Pius VII., indem er die Freimaurer auf die willkürlichste Weise mit der politischen Gesellschaft der Carbonari, und 1826 Leo XII., indem er sie durch die Bulle »Quo graviora mala« auf komische Weise mit den – Bibelgesellschaften zusammenwarf. Auch der letzte Papst, Pius IX., hat nicht weniger als fünfmal den Freimaurerbund »verdammt, verboten und geächtet,« und der heutige, Leo XIII. folgte seinem Beispiele, ohne den Bund aus anderen Quellen, als aus Verleumdungen seiner Feinde zu kennen.

Die übrigen italienischen Regierungen alten Stils ahmten dem Beispiele der Päpste nach. Schon im Jahre 1737 erließ Gaston, der letzte Großherzog Toscana's vom Hause Medici, das einst die Wissenschaften so großartig beförderte, ein Verbot gegen die Freimaurer, das aber keinen Bestand hatte, da sein Nachfolger, Franz von Lothringen, selbst Bundesbruder war. So fanden auch in Sardinien, Venedig und Neapel wiederholte Verbote statt, doch ohne auf die Dauer beobachtet zu werden, da z. B. in Neapel die Königin Karoline, Schwester der unglücklichen Marie Antoinette, die Freimaurer beschützte.

Ernster waren die Schritte gegen den Bund auf der pyrenäischen Halbinsel. In Portugal hatten es 1743 der Goldarbeiter Johann Coustos aus Bern in der Schweiz und der Juwelier Mouton aus Paris gewagt, eine Loge in Lissabon zu gründen, wurden jedoch verraten, in die Kerker der Inquisition geworfen, fürchterlich gefoltert, dann aber der Erste, als Protestant, auf die Galeere verurteilt, und der Zweite, als Katholik, – entlassen. Ähnliche Kerkerleiden erduldeten später noch mehrere Maurer; Andere wurden verbannt; namentlich wütete der blutige Dom Miguel 1823–1834 gegen sie, und der Kardinal Souza, Erzbischof von Lissabon, hetzte den Pöbel gegen die Maurer, deren Mehrere ermordet wurden. Trotzdem lebten die Logen immer wieder auf und bestehen heutzutage in großer Anzahl. In Spanien ließ auf die erste päpstliche Bulle hin König Philipp V. 1740 mehrere Freimaurer in Madrid in die Kerker der Inquisition werfen und zu der Galeere verurteilen. Als sich aber der Bund trotzdem ausbreitete, stachelte Fanatismus und Ehrgeiz, bei Anlaß der zweiten Bulle, den Franziskanermönch und Inquisitionsbeamten Josef Torrubia, gegen die Brüder einen Schlag herbeizuführen. Unter Verleugnung seines wirklichen Charakters und Berufes ließ er sich in der angenommenen Gestalt eines Weltpriesters 1751 in den Bund aufnehmen, nachdem ihn der päpstliche Pönitentiarius des Eides der Verschwiegenheit entbunden hatte. Nachdem er erfahren, was im Bunde vorging, klagte er denselben bei der Inquisition an: der ärgerlichsten und gottlosesten Gepränge, Lehren und Handlungen, der Sodomiterei, Zauberei und Ketzerei, des Atheismus und Aufruhrs, und verlangte die Ächtung der Mitglieder, die Einziehung ihrer Güter und, zu guter Letzt, ihre Verbrennung (!) in einem »erbaulichen Autodafé, zu größerer Verherrlichung des Glaubens und Stärkung der Gläubigen.« Die Maurerei wurde zwar sofort durch Ferdinand VI. unterdrückt, die erhobenen Anklagen jedoch, wie es scheint, so wenig begründet gefunden, daß man es für geraten fand, das Holz des »erbaulichen Autodafé« für andere Zwecke zu sparen. Erst einige Jahre später, 1757, wurde ein Franzose, Tournon, welcher von der spanischen Regierung berufen worden war, die Fabrikation kupferner Schnallen in Madrid zu lehren, auf die Anklage eines seiner Lehrlinge als Ketzer, Zauberer und Maurer verhaftet, indem man in den Verzierungen seines maurerischen Diploms Zauberfiguren zu erblicken glaubte. Obschon Tournon nur in Frankreich maurerischen Versammlungen beigewohnt und nicht einmal gewußt hatte, ob es in Spanien auch Maurer gebe, dagegen so unklug gewesen war, seinen Angestellten die Aufnahme anzuraten, hob die Inquisition eine strenge Untersuchung gegen ihn an, machte es ihm u. a. zum schweren Vorwurfe, daß die Maurer blos an einen Gott, statt an die Dreieinigkeit, glauben, und verurteilte ihn dann, aus besonderer Milde, zu einjähriger Haft und nachheriger Verbannung aus Spanien; während seiner Haft aber mußte er die Exerzitien des Ignatius von Loyola durchmachen, täglich den Rosenkranz beten, den

Katechismus auswendig fiel sein Kopf auf der Guillotine und besiegelte die »Wirklichkeit der Gleichheit«, und die meisten Mitglieder der beiden eifrigen Logen: Contrat Social und Neuf soeurs mußten durch das gleiche Ende erkennen lernen, daß die »wirkliche« Gleichheit ein furchtbareres »Phantom« war, als jene, welche sie in der Bruderkette gesucht hatten. Nur drei Logen in Paris bestanden während des Blutregimentes behutsam und heimlich fort, und erst der Sturz der Schreckensmänner rief den Bruder Roëtiers aus dem Kerker, in welchem er blos deshalb geschmachtet hatte, weil er Freimaurer war, und gestattete ihm, den großen Orient und dessen Tochterwerkstätten wieder in's Leben zu rufen.

Daß in Rußland Kaiser Alexander I. 1821 und 1822 aus Furcht vor ähnlichen Erscheinungen, wie sie gleichzeitig die griechische Hetärie und die italienischen Carbonari darboten, mit sämtlichen geheimen Gesellschaften auch die allen politischen Umtrieben fern gebliebenen Freimaurerlogen auflösen ließ, kann nicht in Erstaunen setzen.

Auffallender ist schon, daß sogar das freie Amerika eine Verfolgung der Freimaurer aufzuweisen hat. Der Bund hat dort in Folge der Orts- und Zeitverhältnisse eine ganz andere Gestalt angenommen als in Europa. Es kommt nämlich den nordamerikanischen Freimaurern, Ausnahmen abgerechnet, mehr auf Glanz und Pomp, als auf ernstes, würdiges Streben, mehr auf die Schale, als auf den Kern der Maurerei an. Daher konnte auch nur dort eine Geschichte in Szene gesetzt werden wie die folgende. Es verbreitete sich im Jahre 1826 das Gerücht, daß ein Handwerksmaurer, William Morgan, um sich eine Einnahme zu verschaffen, mit dem Plane umgehe, ein Werk über die Geheimnisse der Freimaurerei, mit Illustrationen versehen, herauszugeben. Da bildete sich eine Verschwörung Solcher, die dem Namen, nicht dem Herzen nach Freimaurer waren, um ihn an der Ausführung seines Vorhabens zu hindern. Sie bemächtigten sich seiner, entführten ihn und sperrten ihn im Fort Niagara, am berühmten Wasserfalle dieses Namens, auf der Grenze Canada ‚s gegen die Vereinigten Staaten ein, dessen Kommandant auch dem Namen nach Freimaurer war. Ein Gerichtshof im Staate New-York verurteilte zwei der Entführer zu Gefängnisstrafen. Bezüglich Morgans aber behaupteten einige, die Freimaurer hätten ihn in den Niagara gestürzt, andere, sie hätten ihn sonst ermordet, – kurz, er verschwand, ohne daß die darüber geführte amtliche Untersuchung etwas sicheres an den Tag brachte. Später aber versicherten glaubwürdige reisende Amerikaner, sie hätten Morgan in der asiatischen Türkei, und zwar in Smyrna, gesehen, wo er Sprachunterricht erteilt habe. Völlig aufgeklärt ist die Sache nie worden; sollte aber Morgan wirklich ermordet worden sein, so war diese That nicht nur verdammenswert, sondern auch vollkommen überflüssig; denn die sog. maurerischen Geheimnisse sind in Amerika oft und wiederholt gedruckt worden und in den Buchhandlungen zu haben. Die amerikanischen Maurer aber büßten schwer genug für das einzig in seiner Art dastehende Verfahren einiger unwürdiger Bundesmitglieder. Denn der Vorfall mit Morgan weckte die schon früher, besonders auf Seite der orthodoxen Sekten und der übereifrigen Demokraten, welche im Maurerbunde Freigeisterei und Aristokratie witterten, vorhandenen Antipathien gegen den Bund, und der von den erwähnten Klassen aufgehetzte Pöbel stürmte die Logen und verfolgte die Brüder volle acht Jahre lang (bis 1834), während welcher Zeit sogar eine politische Partei der »Antimaurer« im Lande sich Geltung zu verschaffen wußte. Dieser Wahnsinn verrauchte jedoch wieder, und die Maurerei nahm in Amerika stärker zu, als vorher, so daß in den Vereinigten Staaten allein etwa 10 000 Logen existieren, mehr als die Hälfte derjenigen auf der ganzen Erde.

V. Die neueste Entwicklung des Freimaurerbundes

Die französische Revolution hatte die geheimen politischen Vereine in den Vorder- und die Freimaurerei in den Hintergrund gedrängt. Die letztere hatte mit ihren allgemein humanen Grundsätzen und mit ihrer Antipathie gegen heftige Leidenschaften und wilde Thaten, in einer Zeit nichts zu thun, in welcher Blut in Strömen floß, erst auf den Schaffotten, dann auf den Schlachtfeldern, und zuletzt ein Regiment der Finsternis die Völker drückte. Die Freimaurerei hatte aber vom Geiste der Geschichte die große Aufgabe zugewiesen erhalten, die Zeit vom Erwachen bis zum Austoben der politischen Leidenschaften zur Überwindung der Verirrungen, in welche sie während des 18. Jahrhunderts gefallen, und zur Gewinnung eines vernünftigern und zeitgemäßen Bodens für ihr Wirken zu benützen. Und sie hat diese Frist nicht unbenützt verstreichen lassen. Nachdem die politischen Vereine ihre Bedeutung dadurch verloren hatten, daß die Völker im Jahre 1848 selbst wieder auf den Schauplatz der Geschichte traten, da zeigte es sich, daß der Bund ein wesentlich anderer geworden war. Im 18. Jahrhundert hatten denselben beinahe nur vornehme Herren und etwa noch berühmte Schriftsteller gebildet, – jetzt bestand sein Heerhaufe aus Männern der Arbeit; früher hatten die sogenannten höheren Grade mit Templerspielerei und Rosenkreuzerwahn ihn beherrscht; jetzt waren dieselben, wenn auch nicht verschwunden, doch von jeder Oberleitung entfernt und von der Großzahl als Spielerei belächelt: früher hatte in Bezug auf die Geschichte des Bundes die krasseste Unwissenheit geherrscht; jetzt erforschte man diese und kam ihr überall auf die Spur; früher hatte man keine Idee davon gehabt, daß sich der Bund den Bedürfnissen der Zeit anpassen und dem

Fortschritte huldigen könnte; jetzt brach sich diese Überzeugung immer weiter Bahn und ist endlich auf dem Wege zum Siege begriffen.

Nachdem die Rosenkreuzer und ihre hirnverbrannten Gesinnungsgenossen in den verdienten allgemeinen Mißkredit geraten, und nachdem ihr Gegenpol, der Illuminatenbund, reaktionärer Gewalt erlegen, begannen die Maurer, wie wir bereits an dem Versuche eines »Deutschen Maurerbundes« und an der Gründung des »Eklektischen Bundes« gesehen haben, über die wahre, von allen Phantastereien entfernte Aufgabe der Freimaurerei nachzudenken, und auf diese Weise die in alle Welt hinaus gesprengten Trümmer des alten Bundes wieder zu sammeln. Dies führte zu allererst zur bessern Erforschung der Geschichte des Bundes, welche bisher aus lauter haltlosen Märchen und Fabeln bestanden hatte, gleich der ältesten Geschichte aller übrigen religiösen und philosophischen Systeme. Auf diesem Forscherwege fand man kein größeres Hindernis, als die sogenannten höheren Grade; ihre Entstehung und Berechtigung wurde daher ein Gegenstand eifriger Untersuchung, und die Resultate der letztern, wie nicht anders zu erwarten, der erste Anstoß zur Abschaffung jener Auswüchse.

Diese Bemühungen gingen von einigen geistig hervorragenden Männern aus, welche eine Zierde des Freimaurerbundes, wie nicht minder der bürgerlichen Gesellschaft, der Kunst und der Wissenschaft am Anfange unseres Jahrhunderts genannt werden können. Der Erste unter ihnen, Ignaz Aurel Feßler, geb. 1756 in Ungarn, wurde in Wien Kapuziner, entdeckte aber im Klosterleben seiner Umgebung solche schauderhafte Zustände, daß er es verließ; obschon durch Kaiser Josefs Gunst zum Professor in Lemberg ernannt, war er doch vor der Wut der Mönche über seine freisinnigen Schriften so wenig sicher, daß er nach Preußen floh und dort zum Protestantismus übertrat. In Berlin gelangte er bald an die Spitze der Loge Royal-York, die sich unter ihm zur Großloge entwickelte, wurde aber von unverständigen Brüdern mit Undank belohnt und folgte 1810 einem Rufe nach Rußland, wo er in der reformierten Kirche hohe Stellungen einnahm und 1839 starb. Er war der Erste, welcher den Hochgraden zu Leibe ging, sie jedoch noch nicht gänzlich abschaffte, sondern durch von ihm ausgearbeitete »Erkenntnisstufen« ersetzte, in welchen die Unsterblichkeit und die sittliche Weltordnung in ansprechenden und erhebenden Bildern zur Anschauung kommen. Feßlers Freund, Bundes- und Leidensgenosse im Ankämpfen gegen eingerostete Vorurteile war einer der größten deutschen Philosophen, Johann Gottlieb Fichte, geb. 1769 zu Rammenau in der Lausitz als Kind armer Webersleute. Als Professor in Jena und Berlin wirkte er mit Kraft für selbständiges Denken und zugleich für die Liebe zu dem von den Franzosen unterdrückten deutschen Vaterlande, kurz nach dessen Befreiung, 1814, er und seine edle Gattin, als Opfer hingebender Sorge in den Kriegslazarethen, starben, ohne die nachfolgende schmachvolle Reaktion zu erleben. Fichte führte mit Feßler, gegen dessen Phantasien er sich kühl und kritisch verhielt, tiefsinnige Korrespondenzen über Freimaurerei und hielt Vorträge über dieselbe; an seinem Beispiele können daher heutige Gelehrte ersehen, daß es nicht unter ihrer Würde wäre, dem Bunde anzugehören. Ja, der von der Welt vielfach mißverstandene Fichte hatte sogar den Plan, den Bund zum Organe seiner philosophischen Lehre und so zu einer Art pythagoreischer Gesellschaft zu gestalten. – Ein Koryphäe der Kunst und, wie die Vorigen, ein vorzüglicher Mensch, wirkte für echte Maurerei in Friedrich Ludwig Schröder, dem großen Dramatiker, geb. in Schwerin 1744, gest. in Hamburg 1816. Mit Lessing befreundet und durch Bode dem Bunde zugeführt, ging er einen Schritt weiter als Feßler, indem er sich nicht begnügte, die Hochgrade umzugestalten, sondern geradezu auf deren Abschaffung lossteuerte, wie nicht minder auf eine demokratische Logenverfassung und auf die Herstellung einer wahren Geschichte des Bundes, ohne jedoch die Geheimhaltung der maurerischen Eigentümlichkeiten preisgeben zu wollen. Im Sinne dieser Ideen reformierte er die englische Provinzialloge von Hamburg, welche sich unter seiner Leitung zur Großloge erhob, nach den ältesten und einfachsten maurerischen Formen arbeitet und keinen Würdigen aus Rücksichten auf Religion und Abstammung ausschließt. Schröder gründete auch den maurerischen »Engbund,« welcher in Hamburg seinen Sitz und in den besten deutschen Logen seine Mitglieder hat, dessen Zweck in der wissenschaftlichen Erforschung der maurerischen Geschichte und Formen besteht und durch regelmäßige Korrespondenzen verfolgt wird. Im Süden Deutschlands vertrat einen ähnlichen Standpunkt wie Schröder, in hartem Kampfe mit den Hochgraden, der Arzt Gottlieb von Wedekind, welcher 1805 den Mut hatte, aus einer Loge in Mainz zu treten, weil sie beschlossen, keinen Feind Napoleons aufzunehmen, und ebenso 1823 als Meister vom Stuhl in Darmstadt abdankte, weil ein hessischer Prinz dort höhere Grade einführen wollte. Seine Schriften sind kernig und klar. Er wünschte in den Logen Schulen der Beredsamkeit emporwachsen zu sehen. Geboren 1761 in Göttingen, starb er 1831 in Darmstadt. Die dritte Stufe nach Feßler und Schröder erstieg im Streben nach maurerischem Fortschritte der geistvolle Philosoph Karl Christian Friedrich Krause, der vielleicht weniger seiner schwer verständlichen Sprache wegen, als deshalb, weil er nicht das Glück hatte, Professor zu werden, in der Berühmtheit hinter Fichte, Schelling und Hegel zurückgeblieben ist. Geboren 1781 in Eisenberg (Altenburg), gestorben 1833 in München, gelang es dem eigentümlichen Manne niemals, über die Stufe des Privatdozenten hinauf zu kommen. Unbefriedigt durch die bloße Polemik gegen die Hochgrade und die geschichtliche Forschung innerhalb der Logenwände, verlangte er frischweg Aufhebung des Geheimnisses und Erweiterung des Maurerbundes zu einem Menschheitsbunde, um die Wiedergeburt der Menschheit und die Rückkehr zu ihrem Urbilde herbeizuführen, sie zu ihrer wahren Bestimmung, als einer Einheit in Gott, hinzuleiten. Aber seine Veröffentlichung der »drei ältesten Kunsturkunden der Freimaurerbrüderschaft« zog sogar ihm und seinem ihn unterstützenden gleichgesinnten Freunde, dem tüchtigen Schriftsteller Friedrich Moßdorf, den Ausschluß aus der Loge zu; das war der Lohn für sein ideales, die Menschheit liebend umfassendes Streben, und man bewies ihm damit schlagend, daß die Menschheit noch lange nicht reif sei, die wahrhaft göttliche Idee zu fassen, die ihm nicht etwa nur die Menschheit der Erde, sondern das gesamte Weltall in einem unendlichen Verbande allwaltender Liebe umschlang. Ein Strebens- und Schicksalsgenosse Krause's war auch Friedrich Heldmann, geboren 1776, Professor in Aarau und Bern, gestorben 1838 in Darmstadt, dessen erster Versuch einer vollständigen Geschichte des Bundes unter dem Titel »die drei ältesten geschichtlichen Denkmale der deutschen Freimaurerbrüderschaft« (1819) auch ihn nötigte, die Loge zu verlassen, weil er die übertriebene Geheimniskrämerei der am alten Hängenden angetastet hatte. Die Bestrebungen der Brüder Krause, Moßdorf und Heldmann vervollständigte Johann Georg Kloß, Arzt in Frankfurt (1787-1854), welcher endlich in seinen historischen und bibliographischen Werken den deutschen Maurern unwiderleglich zeigte, was Wahrheit sei, woher der Bund stamme, und daß er nichts mit Rittertum und Mystik zu schaffen habe.

Diesen Begründern des maurerischen Fortschrittes der Neuzeit, lauter untadelhaften, herrlichen Menschen, welche nach den Unbilden, die ihnen zu ihrer Lebzeit Kurzsichtige zufügten, im Bunde hochgeehrt sind, könnten wir noch eine lange Reihe anderer edler

Persönlichkeiten folgen lassen, welche die Logen zierten; aber ihre Aufzählung würde zu weit führen. Wir erwähnen nur, daß der Dichter Wieland, welcher zu seiner Blütezeit den Bund mit Mißtrauen angesehen hatte, von dieser Richtung zurückkam und im Alter von 75 Jahren sich noch aufnehmen ließ, daß der treffliche Gottfried Körner, der Freund Schillers und Vater des frühe hingeschiedenen Dichters und Freiheitskämpfers Theodor, der große Marschall Vorwärts, Leberecht Blücher, der Dichter und Historiker Herder und der Volksschriftsteller Heinrich Zschokke thätige Mitglieder des Bundes in der Periode seiner Wiedererhebung aus den Banden der Verirrung waren.

Die unvergänglichsten poetischen Denkmale hat demselben jedoch der unsterbliche Bruder Goethe gegründet, dessen »Wilhelm Meister« vorzugsweise ein Maurer-Roman, wie sein Faust, als Menschheitsdrama, auch ein Maurerdrama genannt werden kann. »Wilhelm Meisters Lehrjahre« nehmen den erwähnten Charakter da an, wo sie aufhören, ein Theaterroman zu sein, und die »Wanderjahre« entwickeln die maurerischen Anklänge noch weiter. Goethe führt uns nämlich in diesen beiden Teilen seines unvollendeten biographischen Romans in die Geheimnisse einer Gesellschaft ein, welche er bald »den Bund,« bald »das Band« nennt, und welcher er eine doppelte Aufgabe zuweist: Landeskultur und Jugendbildung. Zwei Stellen, welche diese Gesellschaft betreffen, sind vor allen anderen als freimaurerische Muster-Aussprüche hervorzuheben, der »Lehrbrief,« welchen Wilhelm bei seiner Aufnahme in den Bund erhält, und die Auseinandersetzung der Bundeszwecke, wie sie Lenardo in seiner Rede zum Besten giebt.

Jener lautet: »Das Leben ist kurz, die Kunst lang, das Urteil schwierig, die Gelegenheit flüchtig. Handeln ist leicht, denken schwer; nach dem Gedachten handeln unbequem. Aller Anfang ist heiter und spannt die Erwartung. Der Knabe staunt, der Eindruck bestimmt ihn; er lernt spielend, der Ernst überrascht ihn. Selten wird das Treffliche gefunden, seltener geschätzt. Die Höhe reizt uns, nicht die Stufen; den Gipfel im Auge wandeln wir gerne in der Ebene. Nur ein Teil der Kunst kann gelehrt werden, der Künstler braucht sie ganz. Wer sie halb kennt, ist immer irre und redet viel; wer sie ganz besitzt, mag nur handeln und redet selten oder spät. Jene haben keine Geheimnisse und keine Kraft; ihre Lehre ist wie gebackenes Brot, schmackhaft und sättigend für einen Tag; aber Mehl kann man nicht säen und die Saatfrüchte sollen nicht vermahlen werden. Die Worte sind gut, sie sind aber nicht das Beste. Der Geist, aus dem wir handeln, ist es. Wer blos mit Zeichen wirkt, hält den Schüler zurück. Des echten Weisen Lehre schließt den Sinn auf; denn wo die Worte fehlen, spricht die That. Der echte Schüler lernt aus dem Bekannten das Unbekannte entwickeln und nähert sich dem Meister.«

Die Bundeszwecke sodann werden folgendermaßen zusammengefaßt: »So ist denn allen bekannt, wie und auf welche Weise unser Bund geschlossen und gegründet sei; niemand sehen wir unter uns, der nicht zweckmäßig seine Thätigkeit jeden Augenblick üben könnte, der nicht versichert wäre, daß er überall, wohin Zufall, Neigung, ja Leidenschaft ihn führen könnte, sich immer wohl empfohlen, aufgenommen und gefördert, ja von Unglücksfällen möglichst wieder hergestellt finden werde. Drei Pflichten sodann haben wir auf's strengste übernommen: jeden Gottesdienst in Ehren zu halten, – ferner alle Regierungsformen gelten zu lassen, und schließlich: die Sittlichkeit ohne Pedanterie und Strenge zu üben und zu fördern, wie es die Ehrfurcht von uns selbst verlangt.«

Zwar hat die Erscheinung des »Bundes« in Wilhelm Meisters Lehr- und Wanderjahren etwas durchaus Mystisches und verbindet auf sonderbare, ja bizarre Weise die Mysteriensucht und die »unbekannten Oberen« des 18. mit der praktischen Thatkraft des 19. Jahrhunderts. Für unsern gegenwärtigen Geschmack entschieden antiquiert und keines Eindruckes mehr fähig sind die Aufnahmeceremonien in den Lehrjahren und die Organisation der Bundesschulanstalt, vom Bildersaal des Lehrgebäudes bis zu den Feldarbeiten und Marktszenen in den Wanderjahren.

Ein moderneres Seitenstück zu Wilhelm Meister, das sich von dem Nebelhaften dieses Werkes frei hält, und klare Ereignisse, wie nicht minder plastische Persönlichkeiten schildert, auch lokale, nationale und historische Färbung hat, aber dennoch nicht in die Wirklichkeit, sondern in das Reich der Phantasie greift, sind Karl Gutzkow's »Ritter vom Geiste.« Der Dichter geht von der Voraussetzung aus, daß der Freimaurerbund nicht den Beruf habe, für die Zukunft zu wirken; er wirft demselben Lauheit gegen die bewegenden Fragen der Zeit und zu große Ergebenheit an den materiellen Genuß vor, was freilich nur einen Teil des Bundes trifft, – und regt daher die Gründung eines neuen Ordens an, der ein Programm freisinniger Grundsätze aufstellen und nach Kräften für dessen Verwirklichung arbeiten solle. Die »Ritter vom Geiste« knüpfen an die geistlichen Ritterorden an, jedoch mit ausschließlichem Bezug auf die Bedürfnisse der Neuzeit. Aus der Gestalt des Kreuzes der in Preußen protestantisch gewordenen Johanniter, dessen Enden vierblättrigem Klee ähnlich sind, nehmen sie diese selten vorkommende Pflanzenform, als Symbol edler Charaktere, zum Zeichen ihres Bundes an und werfen sich mit Macht in die brausenden Wogen des von politischen und sozialistischen Stürmen gepeitschten Meeres der Gegenwart, – ohne jedoch von bittern Enttäuschungen verschont zu bleiben.

Aus dem Reiche der Phantasie hat Gustav Kühne das nebelhafte Element in die historische Wirklichkeit überzutragen versucht in seinen » Freimaurern,« welches Werk, obschon viele herrliche Gedanken darin verstreut sind, von dem Bunde nur ein unhistorisches Zerrbild liefert, und in eine Zeit, welche mit ihren auf einander platzenden Gegensätzen herrlichen Stoff zu pikanten Darstellungen wirklicher Zustände geboten hätte, eine Hexenküche niemals dagewesener Verhältnisse hinein zwängt. Mit Kühne teilt die beinahe vollständige Unmöglichkeit, freimaurerische Verhältnisse zu schildern, ohne dem Bunde selbst anzugehören, Max Ring. In seinen » Rosenkreuzern und Illuminaten« vermeidet er zwar den eben gerügten größten Fehler seines nächsten Vorgängers, indem er die wirklichen Parteien des 18. Jahrhunderts mit den wirklichen Personen, welche sie führten und – anführten (Schrepfer, Gugomos u. s. w.), auf die Szene bringt, die er jedoch, in auffallender Unkenntnis der wirklichen Verhältnisse, auf die lächerlichste Weise untereinanderwirft und verwechselt, was bei genauerm Studium der Geschichte und des Wesens der Freimaurerei leicht zu verhüten gewesen wäre. Andere Erzeugnisse der Romanliteratur, welche die geheimen Gesellschaften zum Gegenstande haben, sind nicht wert, erwähnt zu werden.

Die durch Feßler, Fichte, Schröder, Krause, Heldmann, Kloß u. a. angeregten fortschrittlichen Bestrebungen im Maurerbunde gelangten nicht ohne schwere, harte Kämpfe zu allgemeinerer Anerkennung. Aber ferne davon, sich hierdurch abschrecken zu lassen, haben in unserer Gegenwart neue Kämpfer nicht nur dieselben wieder aufgegriffen, sondern noch in bedeutendem Maße erweitert. Ihr Ringen gilt: 1. einer reinern Lehrart, befreit von mystischen Phantastereien, 2. einer freiern Logenverfassung, nach welcher die einzelnen Logen nicht mehr unter despotischem Diktat und drückender Vormundschaft der Großlogen ständen, 3. einer humanern Auffassung der Maurerei, welche z. B. die Ausschließung der Juden verpönt, 4. einer Beschränkung der Geheimhaltung auf das Notwendigste, 5. völliger Abschaffung der Hochgrade und Verminderung der bisherigen Vorrechte der Meister gegenüber Gesellen und Lehrlingen, 6. einer Vereinfachung der Ceremonien und Unterordnung derselben unter die geistige Arbeit, und 7. einer größern Einheit im Bunde, womöglich einer Vereinigung aller Logen der Erde zu einer Universal-Großloge mit freier Verfassung.

Für eine reinere Lehre und für Vereinfachung der Ceremonien hat besonders Oswald Marbach (geb. 1810), Professor in Leipzig, in seinen »Katechismusreden,« »Arbeiten am rohen Steine« u. s. w. gewirkt, – Schriften, welche freisinnigen und nicht konfessionell beschränkten Menschen ganz gut als Erbauungsbücher dienen könnten. Für dieselben Ziele, und zugleich für Verminderung der Geheimnissucht arbeitete in ähnlicher Weise Rudolf Seydel (geb. 1835), Professor der Philosophie in Leipzig, dessen »Reden über Freimaurerei an denkende Nichtmaurer« den Werken Marbachs an die Seite gestellt werden dürfen, und der zum ersten Male das große Wort frei aussprach: »Der Maurerbund sei kein Geheimbund mehr.« Für volkstümliche Darstellung der Bundesziele wirkte viel August B. Cramer (geb. 1826). Josef Gabriel Findel (geb. 1828), Buchhändler in Leipzig, war es, der die erste vollständige und kritische »Geschichte der Freimaurerei« schrieb (2. Aufl. Leipzig 1866) und 1858 die freisinnige maurerische Zeitschrift »Die Bauhütte« gründete. Der im Jahre 1861 gegründete »Verein deutscher (d. h. deutsch sprechender) Maurer« hat den Zweck, in freierer und unabhängigerer Weise, als der zu sehr von Geheimnis umgebene »Engbund,« 1. die maurerische Wissenschaft, d. h. die Geschichte, Rechtskunde, Symbolik und Lehre der Freimaurerei zu fördern, und 2. unter den Maurern gegenseitige Verständigung über alles, was zum Gedeihen des Bundes beitragen kann, anzubahnen und unter ihnen die Bande der Freundschaft und Bruderliebe enger zu knüpfen und zu befestigen. Jährlich hält er freie, zwanglose Wanderversammlungen, und 1867 hat er von Worms aus ein »Manifest an alle Großlogen des Erdenrundes« erlassen, in welchem er denselben ein von ihm entworfenes und durchberatenes »Allgemeines Grundgesetz des Freimaurerbundes« zur Annahme empfahl. Dieses Grundgesetz wäre dazu geeignet, eine wohlthätige Einheit im Bunde herbeizuführen. Nach dem Muster des Vereins deutscher Maurer hat sich in New-York ein »Verein deutsch-amerikanischer Maurer« gebildet.

Die Reformbestrebungen im Bunde fanden einstweilen in dem erwähnten Grundgesetze und dessen allmählicher Annahme in bereits mehreren Logen ihren Abschluß, und man scheint allgemein der Meinung zu sein, der Freimaurerbund könne seine Eigentümlichkeiten nicht aufgeben, ohne etwas anderes zu werden, als was er seiner Bestimmung nach sein soll. Er ist nun einmal eine historische Erscheinung, deren charakteristische Merkmale in symbolisch aufgefaßtem Bauen und in der Nichtberücksichtigung aller speziellen sozialen, religiösen und politischen, nicht allgemein humanen, Verhältnisse bestehen, und in welchem die Grundsätzlichkeit der Werkthätigkeit vorangeht, ohne letztere zu beeinträchtigen. Daß diese Kennzeichen des Bundes noch nicht aufgehört haben, zeitgemäß zu sein, zeigt das beständige Wachsen desselben, während nirgends im Entferntesten eine Abnahme zu bemerken ist. In allen Ländern, wo das politische Regiment, das den Bund einst unterdrückte, fällt, steht derselbe sofort wieder in imposanter Stärke da. So hat er sich z. B. in Italien seit dem Sturze der alten Regierungen (1860) schon zu einer Phalanx von 170 bis 180 Logen mit über 12 000 Mitgliedern erhoben.

In Ungarn hat er, seitdem dieses Land eine eigene Verfassung (von

1867) besitzt, festen Boden gefaßt. Die beiden Großlogen des Landes, eine für die alte Maurerei und eine für die Hochgrade, welche zusammen 45 Logen zählen, haben sich neulich vereinigt. Auch in Spanien ist die Maurerei seit der Vertreibung Isabella's und ihres sauberen Hofes (1868) rasch aufgeblüht und soll weit über hundert Logen besitzen, welche sich jedoch noch nicht unter einheitlicher Leitung konsolidiert haben.

Auch in den Ländern, in welchen der Bund schon längere Zeit besteht, vermehrt er sich fortwährend. In den Jahren 1868 bis 1879 allein ist die Zahl der Logen von 8000 auf 15 000 gestiegen und muß jetzt weit stärker sein; es fehlen jedoch darüber bei dem Mangel gemeinsamer Einrichtungen zuverlässige und vollständige Angaben. Denn statt größerer Einheit, steuert der Bund, wie alle Anzeichen lehren, immer größerer Zerklüftung zu. Wir sagen offen, daß wir dies nicht bedauern. Der Freimaurerbund hat niemals nach Macht und Weltherrschaft gestrebt, und weil in seinem Kreise von jeher jedes Diktat ausgeschlossen war, hat er auch je nach den verschiedenen Völkern, bei denen er vertreten ist, von einander abweichende Eigentümlichkeiten angenommen. Sowohl die Sympathieen als die Antipathieen zwischen den Nationen machten sich auch unter den ihnen angehörenden Freimaurern geltend. Seit dem Kriege von 1870 und 71 ist jeder Verkehr zwischen den deutschen und den französischen Freimaurern abgebrochen, und als der Großorient der letzteren im Jahre 1877 einen Artikel der Statuten, welcher den Glauben an Gott und Unsterblichkeit vorschrieb, durch einen solchen ersetzte, welcher allgemeine Gewissensfreiheit verkündete, brachen auch die britischen und mehrere amerikanische Großlogen den Verkehr mit Frankreich ab. Diese Zerklüftung kann indessen dazu beitragen, daß sich die Freimaurerei in einzelnen Ländern mehr befestigt und einen klareren nationalen Charakter statt eines verschwommenen kosmopolitischen annimmt. Als ideale Brüderschaft aber wird der Freimaurerbund voraussichtlich fortdauern, so lange es Menschen giebt, welche am Geheimnisvollen, an Symbolen und Ceremonien Gefallen, und in Verbindung damit Gelegenheit finden, Begeisterung für allgemeine Menschenliebe an den Tag zu legen, sowie stille Wohlthätigkeit und frohe Geselligkeit zu üben.

VI. Zwei kaiserliche Protektoren

Ganz eigenartiger Weise steht in der Geschichte des Freimaurerbundes das Walten zweier Kaiser, würdiger Nachkommen des großen Bruders Friedrich II., an der Spitze der deutschen Freimaurerei da. Kaum ist das Jahr erst verflossen, in dessen Laufe sie Beide dahingeschieden sind, der eine in seltenem hohem Alter, der andere in der Manneskraft, dahingerafft von tückischer Krankheit. –

Prinz Wilhelm von Preußen, später König von Preußen und Deutscher Kaiser, wurde am 22. Mai 1840 von den Großmeistern der drei preußischen Großlogen in den Freimaurerbund aufgenommen und übernahm zugleich das Protektorat über diese drei Großlogen. »Vielfältig nahm (sagt der Darsteller seines maurerischen Lebens) der Prinz-Protektor in den nächstfolgenden Jahren an dem maurerischen Wirken aller drei Großlogen thätigen Anteil und ließ es sich warm angelegen sein, mit der frischen Kraft Seines Geistes, mit der vollen Wärme Seines reichen und großen Herzens, und der seltenen Festigkeit und Stärke Seines Willens auf das Leben und Wirken der Mitglieder des Bundes einzuwirken. Die Thätigkeit und Wirksamkeit des Prinzen-Protektors in und für den Bund während der nächstfolgenden Jahre erstreckte sich vorzüglich auf Schutz des Bundes gegenüber den Anfeindungen und Anschwärzungen der immer mächtiger und mächtiger ihr Haupt erhebenden klerikalen Partei am Königshofe.«

Bei Anlaß der Beglückwünschung der drei Großlogen zu seiner silbernen Hochzeit sagte der Prinz-Protektor zu der Abordnung der drei Großmeister: »Wir haben schon manche Anfeindungen zu bekämpfen gehabt, und werden deren gewiß auch noch in der Folge erfahren. Doch fürchten wir Nichts! Ich hoffe, daß es uns gelingen werde, denselben erfolgreich zu begegnen. Ich danke Ihnen Allen!« Ein herzlicher Händedruck bekräftigte diese Worte.

Als der inzwischen zum König emporgestiegene Protektor 1865 den 25. Jahrestag seiner Aufnahme in den Bund feierte, sprach er zu den ihn beglückwünschenden drei Großmeistern: »Ich freue Mich, daß Sie des heutigen Tages in so herzlicher Weise gedacht haben. Ich selbst habe kaum geglaubt, daß seit Meinem Eintritt in den Orden schon so lange Zeit verflossen ist. Den Dank, den Sie aussprechen, nehme Ich an, da Ich Mir bewußt bin, daß Ich den Orden nach allen Meinen Kräften gegen seine Feinde und Gegner verteidigt habe, weil Ich von dem Ernste und der Lauterkeit seiner Zwecke überzeugt bin. Dies war besonders in jener Zeit der Fall, wo es unsern Widersachern gelungen war, Meinem hochseligen Bruder eine ganz falsche Meinung von dem Orden beizubringen. Solchen Angriffen hatte ich oft entgegenzutreten. Auch für die innere Vereinigung der drei Systeme habe Ich nach Kräften gewirkt, aber Sie sind Mir darin auch mit großer Bereitwilligkeit entgegengekommen. Rechnen Sie darauf, daß Ich auch fernerhin dem Orden ein lebhaftes Interesse bewahren werde, da Ich glaube, daß er das Gute will.« Auch als Kaiser ist König Wilhelm an der Spitze des Bundes geblieben und versäumte es nie, wohin ihn auch seine Schritte, die Liebe seines Volkes und die Achtung der Welt leiteten, seiner Eigenschaft als Bruder huldvoll zu gedenken und Deputationen, welche ihm die Gefühle der Brüder übermittelten, freundlich zu empfangen, und diese Gesinnung dauerte unvermindert bis zum Hinschiede des beinahe 91 jährigen Gründers des Deutschen Reiches.

Prinz Friedrich Wilhelm von Preußen, später Kronprinz von Preußen und des Deutschen Reiches, endlich (leider nur für kurze Zeit) Kaiser und König Friedrich III,, wurde am 5. Nov. 1853 in den Bund aufgenommen, zu derselben Zeit, als derselbe von Seite der Dunkelmänner Hengstenberg, Eckert und später Alban Stolz, sowie des Bischofs Ketteler die heftigsten Anfeindungen zu tragen hatte, und zwar mit Gutheißung und in Anwesenheit seines Vaters. Im Jahre 1860 erhielt er die Würde eines Ordensmeisters der Großen Landesloge des schwedischen Systems und im folgenden Jahre, nachdem sein Vater den Thron bestiegen, diejenige eines stellvertretenden Protektors der preußischen Logen. Hatte der königliche Vater, als er die Genehmigung zur Übernahme des Amtes als Ordensmeister erteilte, geäußert: »Ich wünsche, wenn mein Sohn dies Amt annimmt, daß er sich dann auch den Obliegenheiten dieses Amtes mit Ernst unterzieht,« so war, ganz dem entsprechend, der junge Ordensmeister von seinem Eintritt ins Amt an eifrig bemüht, sich selbst zuerst genau über die ihm zugewiesenen Geheimnisse zu unterrichten. Das war nicht leicht. Es fehlte vielfach an klarer, sicherer Kenntnis. Namentlich bot die Geschichte des Ordens manche Überlieferungen, die dem Wohlunterrichteten bei ernster nüchterner Prüfung mehr als zweifelhaft erscheinen mußten. Der Kronprinz ließ deshalb, zunächst für seine persönliche Belehrung, die in den Archiven der Großen Landesloge vorhandenen Dokumente und Akten untersuchen. Als sich ergab, daß diese mit Sicherheit nicht weiter zurückreichten, als bis zur Mitte des vorigen Jahrhunderts, ward eine Deputation nach Schweden gesandt, um nach älteren Urkunden zu forschen.

Nachdem auch diese Nachforschung unbefriedigend ausgefallen, hielt der Kronprinz Ordensmeister bei Anlaß der hundertjährigen Jubelfeier der Großen Landesloge am 24. Juni 1870 eine denkwürdige Rede, betonte darin nachdrücklich die Einheit der gesamten Freimaurerei bei aller Verschiedenheit der Systeme, sprach offen vor der Versammlung über den Mangel an gesicherter Überlieferung, und forderte vollen wissenschaftlichen Ernst für die historischen Untersuchungen und unbedingte Anerkennung der Wahrheit. Er sagte weiter u. a. wörtlich: »Gebe ein jeder die Eitelkeit auf, die da glaubt, allein die ganze und die echte Wahrheit zu besitzen, und allein für die Wahrheit die richtige Form anzuwenden!« ... In Betreff der freimaurerischen Geschichte heißt es dann weiter: »Während frühere Zeiten sich bei der Autorität der Überlieferung beruhigten, sind in unsern Tagen die Forschungen der historischen Kritik zu einer Macht geworden, der auch die heiligsten Überlieferungen sich nicht mehr entziehen können. Diese Macht stellt auch an unsern Orden Forderungen, die sich auf die Länge hin ungestraft nicht abweisen lassen.« Aus ganz Deutschland nicht nur, aus England und selbst aus Amerika kamen Zeugnisse dafür, mit welcher Freude diese Rede ausgenommen und begrüßt war. Am 7. März 1874 legte der Kronprinz, dessen Anschauungen nicht nach Wunsch durchdrangen, sein Amt als Ordensmeister der Großen Landesloge nieder und behielt als freimaurerisches Amt nur die Stellvertretung des Protektors der preußischen Freimaurerei. Daß auch in dieser Stellung der Kronprinz seine Ansichten über die Freimaurerei und seine Gesinnung nicht geändert, hat er wiederholt durch Ansprachen an freimaurerische Deputationen bezeugt. Am 5. Nov. 1878 waren es 25 Jahre, daß der Kronprinz in den Freimaurerbund aufgenommen worden ist. Derselbe hat eine öffentliche Feier des Gedenktages abgelehnt, dagegen den Wunsch zu erkennen gegeben, es möchten die für ein solches Fest zur Verausgabung bestimmten Baarmittel zu einer Stiftung für Unterstützung von bedürftigen Freimaurerbrüdern, resp. deren Witwen und Waisen gesammelt werden. Infolge dessen wurde die Gründung einer »Kronprinz Friedrich Wilhelm-Stiftung« in Aussicht genommen und die ungesäumte Sammlung von Beiträgen veranstaltet.

In seiner schweren Leidenszeit hat der Kronprinz, welcher als Kaiser und König auch das Protektorat des Bundes übernahm, sich als edler Dulder und damit auch als wahrer Freimaurer kundgegeben, und seine hochherzigen Absichten sichern ihm für alle Zeit die höchsten Ansprüche auf die unvergängliche Verehrung des deutschen Volkes. – Das Leben der deutschen Kaiser Wilhelm I. und Friedrich III. beweist für jeden, der nicht blind sein will, daß diese beiden Monarchen keine Prunkfiguren waren, mit denen sich der Freimaurerbund nach der Ansicht seiner Feinde schmückt, sondern sich sehr tief und eingehend mit den Angelegenheiten des Bundes beschäftigten, so daß ihnen nichts verborgen bleiben konnte, was denselben durchweht. Das nämliche ist übrigens auch von den übrigen Fürsten zu sagen, welche gegenwärtig dem Bunde angehören, von dem Prinzen von Wales, welcher Großmeister der englischen, Protektor der schottischen und irischen Großloge ist und von den Königen von Dänemark und Schweden, die an der Spitze der Großlogen dieser Länder stehen. In der Freimaurerei der romanischen Länder sind die Fürsten niemals vertreten gewesen und sind es auch jetzt noch nicht.

VII. Die Verfassung des Freimaurerbundes

Der Freimaurerbund wird oft, sowohl inner- als außerhalb seines Kreises, ein Orden genannt. Dieser Ausdruck ist durchaus falsch und beruht, er mag gebraucht werden von wem er will, auf unrichtigen Ansichten und Vorurteilen bezüglich der Entstehung und Geschichte des Bundes. Der letztere hat nicht die mindeste Ähnlichkeit mit einem Orden, weder mit einem Mönchs-, noch mit einem Ritterorden, – mit einem Mönchs- oder geistlichen Ritterorden deshalb nicht, weil die Mitglieder solcher Orden gewisse Gelübde hinsichtlich ihrer Lebensart ablegen müssen und in ihrer freien Bewegung an vielfache Regeln gebunden sind, – mit einem weltlichen Ritterorden nicht, weil ein solcher nur auf gewisse Verdienste oder andere Veranlassungen hin verliehen wird und nicht willkürlich gesucht werden kann. Es ist sogar zweifelhaft, ob auch der Ausdruck »Freimaurerbund« richtig ist; denn ein Bund beruht auf einer allgemeinen Organisation aller seiner Glieder, auf gemeinsamen Vorschriften für dieselben und auf einem durchgreifenden geordneten Verkehre zwischen denselben.

Diese Erfordernisse sucht man aber in der Freimaurerei vergebens; dieselbe bildet vielmehr einen Inbegriff von Bünden, die unter sich vollkommen unabhängig sind und nur teilweise, ja auch dann nur in gewissen Beziehungen und in sehr lockerer Weise mit einander Verkehr pflegen. Der Kürze wegen und in Ermangelung einer bezeichnenderen Benennung kann man aber dennoch bei dem Ausdrucke »Freimaurerbund« bleiben, weil derselbe doch eine gemeinsame Quelle hat. Denn von England, speziell von London aus sind ursprünglich alle Länder mit Logen versehen worden, die sich dann aber selbständig vermehrten und in jedem Lande besondere Verbindungen von Logen bildeten, deren Unabhängigkeit von der englischen Großloge anerkannt wurde. Auf diese Unabhängigkeit halten die Freimaurer der einzelnen Länder so große Stücke, daß Wünsche nach einer gemeinsamen Organisation bisher nur sehr vereinzelt geäußert worden sind und durchaus keinen Anklang gefunden haben. Ja, es ist nicht einmal so weit gekommen, daß die verschiedenen Freimaurerbünde alle mit einander in Korrespondenz stehen, sondern nur einzelne mit einzelnen. Das höchste Zeichen der gegenseitigen Verbindung besteht darin, daß mehrere Logenbünde bei einander sog. Repräsentanten halten, eine Art von Gesandten, welche der Großloge, bei der sie beglaubigt sind, über die Verhältnisse derjenigen, von der sie beauftragt sind, Mitteilungen machen. Abgesehen von dieser offiziellen Verbindung giebt es noch eine rein private, die aber allgemein anerkannt ist, nämlich das Recht eines jeden ordnungsgemäß aufgenommenen Bruders, in jedem Lande, wohin er auf Reisen kommt, brüderliche Ausnahme und Besuch in allen Logen anzusprechen. Schon diese wahrhaft erhebende, echt humane Einrichtung berechtigt zur Bezeichnung der freimaurerischen Gesamtheit als eines Bundes oder noch besser: einer Brüderschaft.

Der Freimaurerbund bildet daher kein einheitlich organisiertes Ganzes. Er besitzt keine Central- oder Oberbehörde, weder bekannte, noch unbekannte gemeinsame Oberhäupter. Seine einzige Einheit besteht in dem gemeinsamen Namen und Zweck, in gemeinsamen Erkennungszeichen, in Übereinstimmung der innern Einteilung (dem Wesen nach) und in ähnlichen wenn auch stark von einander abweichenden Gebräuchen. Verschieden dagegen sind in den einzelnen Ländern die Mittel, durch welche man den Zweck der Maurerei zu erreichen sucht, sowie die speziellere Organisation der Logen und die Einrichtung der Arbeiten.

Aber auch dem gemeinsamen Zwecke der Freimaurerei mangelt

es, im Gegensatze zu dem seines Strebens nur allzu gut bewußten Jesuitenorden, an vollkommener Klarheit. Verschiedene maurerische Schriftsteller drücken ihn verschieden aus, und eine offizielle, allgemein anerkannte Formulierung desselben existiert nicht. Das nur ist entschieden und ausgemacht, daß der Zweck des Freimaurerbundes weder ein religiöser noch ein politischer, sondern ein rein moralischer ist.»Die Freimaurerei befördert das Wohl der Menschheit;« darin werden wohl alle Freimaurer übereinstimmen, wenn auch die Einen mehr auf das materielle, Andere auf das rein sittliche, Andere auf das geistige Wohl, und wieder die Einen mehr auf die Gesamtheit, die Andern mehr auf die Einzelnen Rücksicht nehmen. Da aber diese einzelnen Rücksichten einander keineswegs stören oder ausschließen, sondern vielmehr ergänzen, so kann auch der Mangel an bestimmter Formulierung des Bundeszweckes kein Hindernis wohlthätiger Wirkungen des Bundes sein. Und der Bund hat demgemäß auch schon viel Gutes gestiftet. Nicht nur seine Mitglieder unterstützt er in Notfällen; auch alle würdigen, hilfsbedürftigen Menschen außerhalb seiner Kette läßt er nicht umsonst um Hülfe rufen, und hat im Laufe der Zeiten manche wohlthätige und gemeinnützige Anstalten gestiftet oder befördert.

Damit aber bei der großen Verbreitung des Bundes, bei welcher es unmöglich ist, daß jedes Mitglied das andere kennt, keine Anmaßung dieser Mitgliedschaft von Seite Unberechtigter stattfinde, besitzen die Freimaurer Kennzeichen, durch welche sich außer der Angehörigkeit auch der Grad verrät, in welchem sich der Betreffende befindet. Diese Kennzeichen bestehen in einem Worte, das auf besondere Weise ausgesprochen wird, einem Zeichen, das in verschiedenen Bewegungen der Hand besteht, und in einer besondern Art, die Hand des Begrüßten zu drücken. Auch an der Art und Weise des Anklopfens, des Trinkens u. s. w. erkennt man den Freimaurer, sofern er von dieser besonderen Art Gebrauch macht.

Außer diesen allgemeinen Eigentümlichkeiten giebt es noch besondere, die nur einzelnen Teilen des Bundes gemeinsam sind. Der letztere zerfällt nämlich, in Folge seiner Verbreitung durch Leute verschiedener Geistes- und Geschmacksrichtung, in eine Anzahl von Systemen, deren Verschiedenheit in gewissen Ceremonien besteht, welche bei Aufnahmen, bei Beförderungen in die höheren Grade, bei der Gedächtnisfeier verstorbener Brüder und, in einfacherer Weise, bei anderen festlichen Anlässen Anwendung finden. Im letztgenannten Falle bestehen dieselben lediglich in gewissen feierlichen Reden und Gegenreden oder Fragen und Antworten, mit welchen die Verhandlungen eröffnet und geschlossen werden, und welche in ähnlicher Weise schon bei den alten Steinmetzen und auch in anderen geheimen Gesellschaften vorkamen. Den Gebräuchen der Steinmetzen ist ursprünglich auch die Aufnahme in den ersten Grad, den der Lehrlinge, nachgebildet, während die Aufnahmen in die höhern Grade in weiterer Ausschmückung derselben bestehen. Es sind im Ganzen, mit den erforderlichen Abänderungen, dieselben Anfnahmegebräuche, die schon bei den Mönchs- und geistlichen Ritterorden stattfanden. Das Vorbild aller dieser Aufnahmen ist aber ohne Zweifel die christliche Taufe.

Manche Leute möchten ohne Zweifel gerne wissen, was bei den freimaurerischen Aufnahmen vorgeht. Solchen ist zu bemerken, daß die dabei stattfindenden Gebräuche eben in allen Systemen verschieden sind und daher zu ihrer Veröffentlichung ein besonderes dickes Buch erforderlich wäre, daß dieselben überdies in schriftlicher Mitteilung die ganze Wirkung verlieren würden, welche sie in der Vornahme selbst ausüben, und daß sie auf Jemanden, der sie aus bloßer Neugier kennen lernen wollte, durchaus keinen Eindruck zu machen geeignet wären.

Eine große Rolle bei diesen Gebräuchen spielen die Symbole oder Sinnbilder der Freimaurerei, von denen die ältesten den Bauhütten entlehnt sind und daher maurerische Werkzeuge darstellen, andere aber sich ihnen zu verschiedenen Zeiten beigesellt haben und an verschiedene geheime Gesellschaften, sowie an kirchliche Gegenstände erinnern. Mit den Symbolen indessen sowohl, als mit den Ceremonien, ist im Laufe der Zeit vieler Mißbrauch getrieben und in dieselben vieles aufgenommen worden, was die ursprüngliche Einfachheit und Würde des Bundes stört und denselben vielfach von nützlicheren Beschäftigungen abzieht.

Die Erkennungszeichen, Gebräuche und Sinnbilder sind das einzig Geheime in der Freimaurerei, Geheimnisse, d. h. Kenntnisse von Dingen, welche anderen Menschen verborgen wären, besitzt der Bund nicht, und alles, was je über solche behauptet wurde, ist Erdichtung. Diskretion über seine Verhandlungsgegenstände und seinen Mitgliederbestand hat er mit vielen anderen Gesellschaften gemein und ist also in dieser Beziehung blos eine geschlossene, nicht eine geheime Gesellschaft. Von geheimen Vorgängen, Umtrieben und Thaten, wie solche bei den Jesuiten und den politischen geheimen Vereinen neuerer Zeit vorkamen, ist im Freimaurerbund keine Spur zu finden.

Der Freimaurerbund ist, wie schon gesagt, in jedem Lande für sich, und ganz unabhängig von anderen Ländern organisiert. Ein engerer Verein von Maurern, welcher sich regelmäßig in seiner Gesamtheit versammelt, heißt eine Loge (französ. auszusprechen: Lohsche). Der Ort (die Stadt), wo sich eine oder mehrere Logen befinden, heißt Orient, der Vorsitzende der Loge: Meister vom Stuhl, welchem zwei Aufseher oder Vorsteher und mehrere andere Beamte zur Seite stehen.

Auch die Versammlungen sowohl, als die Gebäude, in welchen solche stattfinden, heißen Logen. Eine Loge kann isoliert, d. h. vollkommen unabhängig sein; dies ist jedoch sehr selten der Fall. In der Regel gehört eine jede einem Vereine von Logen an, welcher den Titel Großloge oder Großorient führt. Die einzelnen Logen eines solchen Bundes arbeiten bald nach einem gemeinsamen Systeme, bald nach verschiedenen solchen. Diese Großlogen besitzen wieder sehr verschiedene Einrichtungen. An ihrer Spitze steht in der Regel ein Großmeister mit mehreren Großbeamten, welche Würdenträger bald aus freier Wahl der Abgeordneten sämtlicher verbündeten Logen, bald aus eingewurzelten und veralteten Vorrechten der Logen gewisser Oriente hervorgehen. Die freieste Logenverfassung hat die Schweiz, wo der Sitz der Großloge alle 5 Jahre wechselt. In monarchischen Staaten ist dieser Sitz in der Regel an die Residenz gebunden. In Deutschland existieren acht Großlogen, deren Gebiete einander wechselseitig durchkreuzen, so daß sich oft in einer Stadt mehrere Logen befinden, die verschiedenen Großorienten angehören, was aber der brüderlichen Eintracht unter ihnen um so weniger Eintrag thut, als die deutschen Großlogen seit 1872 einen Großlogenbund mit jährlichen Zusammenkünften der Großmeister und Abgeordneten der Großlogen bilden. In Frankreich, Belgien, Spanien und Brasilien giebt es je zwei Großlogen, von denen eine jede einem andern Systeme von Gebräuchen huldigt. In Holland, der Schweiz, Dänemark, Schweden, England, Schottland, Irland, Ungarn, Italien, Portugal und Griechenland gehören dagegen alle Logen je zu einer einzigen Großloge. Eine solche giebt es auch in jedem der Vereinigten Staaten von Nordamerika und in jeder größern der mittel- und südamerikanischen Republiken. In den englischen Kolonien in Ostindien, Kapland, Australien u. s. w. sind die Logen unter die Großoriente der drei britischen Königreiche verteilt, während sie im englischen Nordamerika eigene Oberbehörden besitzen. Im ganzen giebt es über 90 Großlogen, über 15 000 einzelne Logen und wohl fast eine Million (mit den nicht thätigen wohl einige Millionen) Freimaurer. Dies ist jedoch nur eine ungefähre Schätzung. Eine genaue Zählung ist bei dem Mangel an einheitlicher Organisation unmöglich.

Die einzelnen Logen führen besondere Namen, welche entweder von einer Persönlichkeit oder von einer Tugend oder von maurerischen Sinnbildern oder endlich von lokalen Verhältnissen entlehnt sind; in England und Amerika begnügen sie sich oft mit bloßen Nummern nach der Zeit ihrer Gründung. Diese letztere kann stattfinden, wenn sich eine gewisse Anzahl regelrecht aufgenommener Brüder, und unter ihnen wenigstens drei Meister, dabei beteiligen und die Genehmigung von Seite der Großloge des betreffenden Landes (oder eines andern, falls sich dort keine solche befindet) erlangen. Unumgänglich für jede Loge ist ein gedecktes, d. h. gegen jeden Einblick und jedes Eindringen Unberechtigter geschütztes Lokal. Reichere Logen besitzen eigene Häuser, oft sehr geschmackvoll, selbst prächtig gebaute und eingerichtete, andere mieten sich unter Vorsichtsmaßregeln ein. In diesem Lokal befinden sich Räumlichkeiten für unceremonielle Zusammenkünfte, oft auch Restaurationen, Bibliotheken, Archive, vor Allem aber die eigentliche Loge. Diese ist ein länglich viereckiger Saal, der je nach dem örtlichen Geschmacke ausgestattet und mit maurerischen Sinnbildern verziert ist. Der Anzug der die Versammlung besuchenden Brüder ist meist schwarz, mit weißen Handschuhen, als Sinnbild der Reinheit der Hände von ungerechtem Gute, und einer kurzen weißen Lederschürze zur Erinnerung an die Entstehung des Bundes aus den Genossenschaften der Steinmetzen und an die fortwährende Pflicht der Arbeit. Anderweitige Insignien, sowie Unterscheidungszeichen der Grade und der Beamten sind den lokalen

Abteilungen überlassen. In England und dessen Kolonien, Nordamerika, Belgien und Frankreich erscheinen die Freimaurer bei festlichen Anläßen, z. B. bei Einweihung eines Logenhauses, besonders aber bei Beerdigungen von Brüdern, im vollen maurerischen Schmuck und Ornate, unter Vortragung ihrer Sinnbilder, öffentlich auf der Straße. In Deutschland und der Schweiz verschmäht man solche unpassende öffentliche Schaustellungen.

Die Logenversammlungen sind, je nach den daran Teilnehmenden, Lehrlings-, Gesellen- oder Meisterlogen. An den Lehrlingslogen nehmen die Mitglieder aller Grade teil; ihre Aufgabe ist die Beratung aller Logenverhältnisse im Allgemeinen, die Vornahme der Wahlen und die Aufnahme neuer Lehrlinge. An den Gesellenlogen nehmen die Gesellen und Meister teil; sie dienen blos zur Beförderung vom ersten in den zweiten Grad. Den Meisterlogen wohnen ausschließlich die Meister bei; sie beraten die Geschäfte der Lehrlingsloge vor und befördern Gesellen zu Meistern. Dazu kommt noch in jedem Grade der Unterricht über denselben, was man eine Instruktionsloge nennt. Jeder Grad hat nämlich eine gewisse Bedeutung, einen Inbegriff von Lehren und eine Anzahl von Sinnbildern. Der Inhalt des ersten oder Lehrlingsgrades ist das Erblicken des Lichtes in geistigem Sinne, die geistige Geburt des Menschen; es wird dabei auf den Bund im allgemeinen, auf dessen Zweck und Wesen aufmerksam gemacht und seine Einrichtung erklärt. Der zweite oder Gesellengrad weist auf das menschliche Leben, auf dessen Freuden, Leiden und Gefahren hin, lehrt, wie man den Verlockungen der Leidenschaften widerstehen, sich selbst erkennen und das Ideal eines mustergültigen Lebenswandels sich schaffen solle. Die Lehre des dritten oder Meistergrades behandelt endlich das Ende des Lebens, den Tod, erinnert den Menschen an dessen Unvermeidlichkeit, ermahnt ihn, in Nachahmung großer Männer, die sich für die Menschheit aufopferten, demselben würdig entgegenzugehen, ohne Furcht und ohne Selbstsucht, und regt auch zu Gedanken über die Frage der Unsterblichkeit an. Bisweilen erhalten die drei Grade auch Bezug auf die maurerischen Tugenden: Schönheit, Stärke und Weisheit. Den der Freimaurerei irriger Weise zugeschriebenen Wahlspruch »Freiheit, Gleichheit, Brüderlichkeit« haben nur die französischen Freimaurer angenommen und zwar erst seit er derjenige ihres Landes ist.

Die genannten drei Grade heißen auch Johannisgrade und die Logen Johannislogen, weil die Freimaurer Johannes den Täufer als den Schutzpatron ihres Bundes betrachten; denn er war schon derjenige der mittelalterlichen Bauleute (und wie wir sahen auch der Tempelritter). Man legt diese Patronschaft auch gerne so aus, daß die Freimaurerei die Vorläuferin eines glücklichern Zustandes der Menschheit sei, wie Johannes der Vorläufer Jesu genannt wird. An seinem Feste (24. Juni) oder um die Zeit desselben wurde auch 1717 die erste Großlogenversammlung in London gehalten und findet noch heute in jeder Loge auf der ganzen Erde ein zugleich ernstes und heiteres Fest statt.

Die sog. Hochgrade, welche in Wahrheit nur Liebhabereien ohne wirklichen Zweck sind, berücksichtigen wir hier nicht, weil wir sie für Entstellungen der wahren Maurerei halten, weil sie in allen Systemen nach Namen und Zahl verschieden sind und weil die wahren Johannislogen eine Überordnung derselben nicht anerkennen.

Aufnahmefähig in den Freimaurerbund sind alle nach den Gesetzen ihres Landes volljährigen, dabei gutbeleumdeten und selbständigen Männer ohne Rücksicht auf Familie, Stand, Beruf und Religion. Leider haben sich aber die Freimaurer nicht immer und überall in dieser Beziehung von veralteten und empörenden Vorurteilen frei erhalten können. Bis auf unsere Tage sperren sich die nordamerikanischen

Logen, farbige, d. h. nicht weiße Menschen, – und mehrere deutsche, sowie die dänischen und schwedischen Großlogen und Logen, Juden aufzunehmen, wovon die Folge war, daß sich in Amerika eine große Menge farbiger Logen gebildet haben, während z. B. in den englischen Kolonien Brüder aller Farben und Religionen in denselben Logen mit einander arbeiten. Es ist jedoch zu hoffen, daß bei vermehrter Ausbreitung wahrer Bildung und Humanität jene durchaus unmaurerischen Ausschließungen dort, wo sie noch bestehen, schwinden werden.

Nicht an allen Orten und nicht durchaus sind die Frauen und Kinder von der Maurerei ausgeschlossen. Fast überall ist es gebräuchlich, daß die Söhne von Maurern, von denen anzunehmen ist, daß sie durch ihre Väter über die Bedeutung des Bundes bereits unterrichtet seien, noch vor erreichter Volljährigkeit aufgenommen werden können. Ebenso giebt es besondere Versammlungen, welchen die Frauen, Schwestern und Töchter der Maurer beiwohnen dürfen; man nennt sie Schwesternlogen oder Schwesternfeste. Unmaurerische Auswüchse und Mißbräuche sind es aber, wenn z. B. in den französischen Logen, unter freiem Zutritte für das Publikum, maurerische Taufen und Kopulationen nach eigenem Ritus gefeiert werden. Wohl ist bisweilen der Ruf erhoben worden, die Pforten der Loge auch dem schönen Geschlechte zu öffnen; es bedarf jedoch keiner Erörterung, daß durch eine solche Neuerung der Ernst, die Würde, die Verschwiegenheit und der Friede unter den Maurern, sowie in den Familien derselben, im höchsten Grade gefährdet würden. Auch die meisten anderen Gesellschaften nehmen ja nur Männer auf.

VIII. Die Religion und die Politik der Freimaurer

Mit dem Vorstehenden ist für diejenigen Menschen, welche einfach nach Wahrheit streben und der Wahrheitsliebe des Verfassers Vertrauen schenken, die Aufgabe, ein getreues, geschichtliches Bild der Freimaurerei zu liefern, gelöst. Es muß jedoch leider auch auf die Verleumdungen Rücksicht genommen werden, die man von gewisser Seite auf den Freimaurerbund häuft und die eine Fortsetzung der oben geschilderten Verfolgungen desselben bilden.

Diese Verleumdungen gipfeln darin, daß der Freimaurerbund im allgemeinen, gegenüber der Kirche und dem Staate Umsturzpläne verfolge, von denen nur ein Teil der Mitglieder, die sogenannten Eingeweihten, Kenntnis habe, von denen sich die »Uneingeweihten« bethören lassen. Dabei geben jedoch die Verleumder selbst zu, daß ein Teil der Freimaurer sich damit begnüge, antiklerikalem Liberalismus zu huldigen, während ein anderer Teil geradezu auf Revolution sinne. Begründet werden diese Beschuldigungen durch (teilweise gefälschte) Äußerungen einzelner Freimaurer, besonders aber durch willkürliche Behauptungen der Gegner des Bundes. Abgesehen davon, daß mit obiger Unterscheidung die Gegner eine einheitliche Gesinnung der Freimaurer selbst nicht behaupten, ist es eine unleugbare Thatsache der Geschichte, daß einzelne Personen und Gesellschaften niemals Revolutionen hervorgebracht haben, sondern daß diese stets in den Zuständen der Staaten, welche sie betraffen, ihre Ursache hatten. Wären also die Freimaurer so unwissend, diese Thatsache nicht zu kennen, und würden dennoch auf Umsturz sinnen, so wären sie auch nicht zu fürchten. Diejenigen Leute, von denen die Angriffe auf den Bund in der Regel ausgehen, sind indessen weit weniger für den Staat besorgt, als für die Kirche. Die einzige Bewegung aber, welche der katholischen Kirche Nachteil brachte, die Reformation, fällt in eine Zeit, da es noch keine Freimaurer gab!

An den politischen Revolutionen in der Periode seit Entstehung des Bundes aber läßt sich eine Mitschuld der Freimaurer in keiner Art nachweisen. Die Veranlassungen der ersten französischen Revolution waren der Art, daß eine Gesellschaft sie weder befördern, noch verhindern konnte. An den Revolutionen unseres Jahrhunderts aber waren, außer den sie verursachenden Zuständen, genug eigentlich politische Vereine beteiligt, neben denen für die Freimaurer kein Raum war. Ja, die Beteiligung der letzteren war sogar unmöglich in Italien, Spanien und Griechenland 1821, Rußland 1826 und Polen 1830; denn in diesen Ländern gab es zur erwähnten Zeit gar keine Freimaurer; die Carbonari und andere geheime politische Gesellschaften aber gehen die Freimaurerei nicht das mindeste an, und die letztere erscheint in Italien erst wieder nach Begründung der Einheit des Landes, seit 1860. In Frankreich waren die Umwälzungen von 1830 und 1848 notwendige Folgen derjenigen von 1789 und der auf sie folgenden Reaktion, bedurften also keiner Freimaurer. Auch in Österreich und Ungarn gab es 1848 keine Logen, in Deutschland waren die meisten Freimaurer Gegner der Bewegung jenes Jahres, und in Großbritannien, Dänemark und Schweden, wo die Freimaurer sehr zahlreich sind, hat gar keine Revolution, ja nicht einmal der Versuch einer solchen stattgefunden, außer in Irland, dessen Führer den Ultramontanen näher standen als den Freimaurern.

Ein dem Bestehenden feindlicher Charakter des Bundes ist schon mit Rücksicht auf Ort und Zeit der Gründung desselben undenkbar. Der Bund entstand 1717 in England, als seit wenigen Jahren die von den Liberalen ersehnte Dynastie Hannover auf dem Throne saß. Hätte der Bund gegen diese agitieren wollen, was damals nur im Interesse der Stuarts denkbar war, so hätte er ja reaktionär und ultramontan sein müssen. Gegen die Stuarts aber konnte er nicht rebellieren, weil sie verbannt waren! Und bevor sie es waren, konnte er es nicht, weil er noch nicht existierte. Die Bauleute aber, aus denen er hervorging, waren weit mehr Anhänger als Gegner des Hauses Stuart gewesen, bis dasselbe dem allgemeinen Unwillen des englischen Volkes weichen mußte!

Es ist ferner nicht einzusehen, warum gerade unter den Nachfolgern der Steinmetzen revolutionäre Tendenzen Platz gegriffen hätten; denn diese hatten wohl zum Teil reformatorische, aber niemals revolutionäre Neigungen. Wären aber diese Tendenzen in einem andern Lande als in England entstanden, so fiele damit wieder die Beschuldigung des Bundes als eines revolutionären dahin und würde sich blos auf Teile desselben beziehen. Die Urheber jener Beschuldigung haben aber bezeichnender Weise niemals auch nur versucht, anzugeben, wo, wann, warum und durch wen der Freimaurerbund eine Gesellschaft des Umsturzes geworden wäre. –

Um gegen Staat oder Kirche sich aufzulehnen, müßten die Freimaurer notwendig eine gemeinsame Organisation besitzen und vor allem in politischen und religiösen Fragen einig sein. Daß sie die erstere nicht haben, und vermöge der geschichtlichen Entwickelung des Bundes nicht haben können, ist bereits gezeigt worden, und daraus folgt auch, daß sie nicht einerlei Ansichten haben können, zu deren Herbeiführung irgend welche allgemeine Vorschriften oder Verabredungen erforderlich wären, die schon deshalb nicht denkbar sind, weil viele Großlogen mit vielen anderen gar nicht im Verkehr stehen.

Es giebt daher ungemein viele Ansichten unter den Freimaurern, und zwar nicht nur, wie selbst die Ultramontanen zugeben, solche vom zahmsten Liberalismus bis zum entschiedensten Radikalismus, sondern auch sehr konservative, ja sogar politisch reaktionäre und religiös hyperorthodoxe.

Man kann die letztere Richtung sogar der Mehrzahl der Angehörigen des schwedischen Systems, also der sogenannten großen Landesloge von Deutschland (die aber nur eine von acht deutschen Großlogen bildet), Dänemark und Schweden, sowie der britischen und amerikanischen Neutempler (oben S. 37) zuschreiben, ohne ihnen unrecht zu thun. Ja, ganz sicher wäre auch der Ultramontanismus im Freimaurerbunde vertreten, wenn nicht verschiedene Päpste denselben in den Bann gethan hätten. Diesem Umstande aber ist es zuzuschreiben, daß unter den verschiedenen Ansichten von Freimaurern, wenigstens in ganz oder teilweise katholischen Ländern, die antiultramontane oder antiklerikale Richtung am meisten hervortritt. Denn wenn die Päpste Krieg mit der Freimaurerei haben wollten, so mußten sie sich auch Antworten gefallen lassen. Daß aber der erste Angriff in diesem Kriege von päpstlicher Seite ausging, beweist klar die Bulle Clemens XII. vom 28. April 1738, » in eminenti« genannt, die erste, die sich mit den Freimaurern beschäftigte. Wäre dieser Bulle irgend ein Angriff oder eine Beleidigung des Papsttums durch die Freimaurer vorangegangen, so wäre dies in der Begründung derselben (stehe oben S. 39) sicherlich erwähnt worden. Es ist aber darin kein Wort davon gesagt; die Päpste haben somit » angefangen.« –

Haben sonach die aus katholischen Familien hervorgegangenen Freimaurer (denn die protestantischen u. a. haben sich um die Bullen der Päpste ja nicht zu kümmern) guten Grund, antiklerikal zu sein, so sind sie darum noch lange nicht antikatholisch und noch weniger antireligiös. Es hat wiederholt katholische Geistliche gegeben, welche Freimaurer waren (wir besitzen selbst ein langes Verzeichnis solcher) und giebt vielleicht jetzt noch welche; jedenfalls aber giebt es in romanischen Ländern massenhaft Freimaurer, welche so gut katholisch sind, als es eine oppositionelle Stellung gegenüber dem Papsttum nur gestattet, und daß dies möglich ist, könnten eben nur solche bestreiten, die nicht wissen, daß wiederholt geistliche Orden, sogar die Jesuiten, mit dem Papsttum auf gespanntem Fuße gestanden sind (Sixtus V., Alexander VII., Innocenz XI. und Alexander VIII. waren entschiedene Gegner der Jesuiten und Clemens XIV. hob sie auf).

Wenn es nun aber Freimaurer oder sogar Logen giebt, von denen irreligiöse Ansichten geäußert werden, so ist dies, neben den zahllosen Beispielen vom Gegenteil, nur der großen Freiheit zuzuschreiben, welche der Freimaurerbund in Folge seines Mangels an einem allgemein gültigen Gesetze und an einer gemeinsamen Disziplinargewalt, seinen Gliedern gewähren muß. Der Bund thut, oder vielmehr die Bünde, aus denen er besteht, thun redlich, was sie können, indem sie durchweg durch ihre Statuten ihren Gliedern vorschreiben, die Regierungen und die Kirchen, unter und neben denen sie leben, zu achten, niemanden seiner ehrlichen Ansichten wegen anzufeinden und sich in ihren Versammlungen der Besprechung politischer und religiöser Fragen zu enthalten. Diese Gebote sind aber unmöglich streng durchzuführen und werden daher häufig, ohne schlimme Absicht, verletzt. Denn wer will genau bestimmen, wo die Begriffe »politisch« und »religiös« anfangen und wo sie aufhören? Wie soll es ausführbar sein, moralische, soziale und wissenschaftliche Gegenstände, die doch den Freimaurern überall erlaubt sind, zu besprechen, ohne dabei mehr oder weniger an Politik und Religion anzustreifen? Wie will man und wer will es den Freimaurern verbieten, sich unter sich über die von den Päpsten gegen sie ergriffenen Maßregeln auszusprechen? Es giebt im Freimaurerbunde keine Censur und somit kann er es auch nicht verhindern, daß einzelne hitzige Brüder bisweilen »über die Schnur hauen« und die

Außenwelt glauben machen, ihre extremen Ansichten seien solche des Bundes. Was aber radikale Freimaurer bisweilen sündigen, das bringen ihre konservativen Brüder redlich wieder durch Äußerungen ein, die den Ultramontanen sehr gut gefallen würden, wenn es nicht im Interesse der letzteren läge, diesen Umstand totzuschweigen und unter dem Namen »Freimaurer« alle ihre Gegner in einen Topf zu werfen, d. h. unter einem Namen, der für den ungebildeten Teil des Volkes etwas unheimliches hat und in abergläubigem Wahn sogar mit dem Fürsten der Hölle in Verbindung gebracht wird. Das ist ein bequemes Mittel bei Wahlen u. dergl. und wird es wohl noch lange bleiben. –

Die Freimaurer, unter denen sich der Schreiber dieser Zeilen bewegt hat, nämlich diejenigen der Schweiz und eines Teiles von Deutschland, hat er durchweg als Männer von Ehre, als ruhige, gemäßigte Bürger, als Feinde jeder politischen und konfessionellen Agitation kennen gelernt. Und das nicht etwa aus Mangel an Einweihung in gewisse Geheimnisse; denn der Verfasser ist soweit gestiegen, als es in diesen Gegenden möglich ist und war wiederholt Abgeordneter an Großlogen, was für »Uneingeweihte« durchaus unmöglich wäre. Von irgend einem ihm bekannten »Bruder« zu glauben, daß er ein heimlicher Revolutionär sei, wäre bei Kenntnis der Personen und der obwaltenden Verhältnisse einfach lächerlich. Ebenso lächerlich aber wäre es, die preußischen u. a. Minister, Generale, Geheimräte, Professoren u. s. w., die Freimaurer sind, für verkappte Umsturzmänner zu halten!

Man braucht nur einigermaßen den gesunden Menschenverstand walten zu lassen und gar nicht selbst Freimaurer zu sein, um zuzugestehen, daß die durchweg geachteten und ruhigen Männer, welche an der Spitze der verschiedenen Freimaurerbünde stehen, nicht nur nicht das geringste Interesse haben könnten, heimlich auf Revolutionen und kirchenfeindliche Handlungen zu zielen, sondern damit geradezu einen moralischen und ökonomischen Selbstmord begehen würden. Auch ist es für vernünftige Menschen gar nicht denkbar, daß die Menge der Freimaurer, welche die Ultramontanen in ihrer Unkenntnis vom Bunde »uneingeweiht« nennen, von den angeblichen destruktiven Plänen, welche die Ultramontanen entdeckt zu haben wähnen, niemals etwas gemerkt hätten. Da müßten sich ja die angeblich »Eingeweihten« aus lauter borniertern Leuten rekrutieren, und dann wären wieder ihre Pläne nicht zu fürchten!

Es giebt überhaupt keine andere freimaurerische Einweihung, als jene der einzelnen Grade. Die drei alten, echten Grade kennt der Verfasser genau und hat oben (S. 73) ihren Inhalt mitgeteilt. Diejenigen Grade aber, welche sich höhere nennen, sind in vielen Teilen der Maurerei gar nicht vertreten, und wo sie vertreten sind, den vernünftigen Maurern als bloße Spielerei hinlänglich bekannt. In der Schweiz haben ultramontane Blätter kürzlich das Verzeichnis der Großlogenbeamten veröffentlicht und damit selbst bewiesen, daß dies Leute sind, die dem politischen Leben und Treiben fern stehen. Wahrlich, den nichtmaurerischen Politikern von Fach fiele es nicht von ferne ein, ihre Verhaltungsmaßregeln von diesen harmlosen Geschäftsleuten zu holen, die nach ihrer Ansicht jedenfalls zu politischen Unternehmungen untauglich sein würden. Der Verfasser kennt zahllose Freimaurer persönlich oder dem Namen nach, welche in der Freimaurerei eine hervorragende, in der Politik aber gar keine Rolle spielen. Er hat bisher nur von wenigen Staatsmännern und Politikern gehört, welche Freimaurer waren oder sind, weiß aber, daß dieselben die Loge als Ort der Erholung von ihren Anstrengungen und nicht als Anlaß zur Vermehrung der letzteren aufsuchen! Er weiß ferner, daß in Deutschland weder irgend ein hervorragender Reichsbeamter oder Minister, noch irgend ein Parteiführer, und daß in der Schweiz durchaus kein einflußreicher Parteimann Freimaurer ist. Von Frankreich kennen wir Freimaurer deutscher Sprache die Verhältnisse wenig und fühlen uns nicht berufen, unsere Verteidigung auf jenes Land auszudehnen, – und von Italien wissen wir so viel, daß die dortigen Freimaurer als Patrioten Freunde der Einheit ihres Landes zu sein das Recht haben und demzufolge allerdings Gegner einer Herstellung der elenden Wirtschaft des Kirchenstaates sein müssen. England ist reich an Freimaurern aller dortigen Parteien und ebenso Nordamerika; in diesen beiden Ländern müßten also die Freimaurer, welche dort zahlreicher sind, als sonst überall, – wenn sie Politik trieben, einander – gegenseitig aufzehren! – – –

Die ganze Organisation des Bundes ist der Art, daß irgend welche Geheimnisse zwischen den Mitgliedern sich nicht völlig verbergen lassen und daß Geheimnisse politischer und kirchlicher Art noch weniger verborgen bleiben könnten als andere, vorausgesetzt, daß nicht alle Brüder auf den Kopf gefallen seien.

Der Verfasser kannte den Inhalt des Meistergrades lange ehe er Meister war und kennt den Inhalt vieler sogenannter höherer Grade verschiedener Systeme, ohne in dieselben aufgenommen zu sein. Ein ultramontanes Blatt hatte den drolligen Einfall, ihm die »Einweihung« abzusprechen; glaubt das Blatt im Ernste, daß ein Mann, der so beschränkt wäre, nicht zu merken, was im Bunde vorgeht, sich als maurerischer Schriftsteller diejenige Geltung verschaffen könnte, deren er sich thatsächlich erfreut? Und wer wären dann die »Eingeweihten,« wenn es diejenigen nicht wären, die den höchsten Grad besitzen, den es in ihrem Lande giebt?

Kurz, wenn man nicht die Tendenz der Ultramontanen teilt, unter dem Namen der »Freimaurer« alles zu verketzern, was nicht zu ihrer Partei gehört, so kann man der Ansicht der letzteren von der Freimaurerei unmöglich irgend einen vernünftigen Sinn beilegen, sondern nur etwa schwanken, ob sie mehr aus geistiger Beschränktheit oder mehr aus boshaftem Gemüte hervorgehe. –

Nach dem, was oben gesagt ist, kann nun von einer allgemeinen Politik oder Religion der Freimaurer keine Rede sein. Es hat in diesem großen Menschheitsbunde jede ehrliche Ansicht über Staat oder Kirche Raum. Als Privatperson hat natürlich jeder Freimaurer das Recht und die Freiheit, jener Partei, mit welcher er sympathisiert, anzugehören oder auch, es mit keiner zu halten. Sofern aber Logen oder Großlogen offiziell eine Parteiansicht äußern sollten, gleichviel ob eine radikale oder eine konservative, so würden sie unmaurerisch handeln und sich auf ein Gebiet begeben, welches nicht das der Freimaurerei ist! Denn die Aufgabe der letztern besteht darin, von religiösen und politischen Ansichten abgesehen, im Menschen den Menschen zu achten, d. h. den Menschen danach zu beurteilen, ob er die vom höchsten Wesen in seine Seele gelegten Anlagen recht anwende, ob er seine Pflichten gegen seinen Nächsten und gegen sich selbst erfülle, ob er den Idealen des Wahren, Guten und Schönen nachstrebe. Der Freimaurerei liegt die feste Überzeugung zu grunde, daß diesem erhabenen Streben von Leuten verschiedener Ansichten gemeinsam nachgelebt werden könne, und mit dieser Überzeugung steht und fällt sie! –

Darin und in anderm ist der Freimaurerbund der gerade Gegenpol des Jesuitenordens (über welchen kurze Zeit vor diesem Schriftchen ein besonderes erschien). Denn eine jede von diesen beiden Gesellschaften besitzt gerade jene Eigenschaften, welche der andern fehlen. Die Jesuiten sind streng zentralisiert, die Freimaurer durchaus dezentralisiert; jene gehorchen den Befehlen eines einzigen, diese dem Willen der Mehrheit; jene machen die Moralität von Gründen der Zweckmäßigkeit, diese von der Rücksicht auf das Wohl der Menschheit abhängig; jene anerkennen nur einen Glauben, ohne ihm doch aufrichtig anzuhangen, diese ehren jede aufrichtige Überzeugung, ohne eine einzelne solche als alleinseligmachend anzuerkennen; jene suchen die Selbständigkeit der einzelnen zu unterdrücken, diese vielmehr sie zu entwickeln. Denn ohne Zweifel ist der Freimaurerbund diejenige unter den sogenannten geheimen Gesellschaften, in welcher der Aufgenommene die meiste Unabhängigkeit bewahren und den größten Nutzen für die Menschheit stiften helfen kann, – wenn er will. Faule Arbeiter im Weinberge des Herrn giebt es überall und sie nützen nirgends etwas. Ferner ist der Freimaurerbund die einzige Gesellschaft, welche einen namhaften und umfangreichen Zweig der Litteratur begründet hat, der ganze Bibliotheken füllt und jeden, der belehrt sein will, am besten von der Nichtigkeit der dem Bunde zugeschobenen politischen und kirchlichen Zwecke überzeugen kann.

Wer noch näheres über die Freimaurerei zu erfahren wünscht, dem empfehlen wir das bereits in fünf Auflagen erschienene und in mehrere fremde Sprachen übersetzte populäre Büchlein: Adhuc stat, die Freimaurerei in zehn Fragen und Antworten (St. Gallen, zuletzt 1882). Genaue Nachrichten über andere, dem Freimaurerbunde mehr oder weniger ähnliche, aber mit ihm nicht zusammenhängende Gesellschaften, namentlich über die Illuminaten im vorigen, die Druiden und Odd fellows in unserm Jahrhundert, finden sich in unserm (demselben Verlage wie vorliegende Arbeit angehörenden) » Buche der Mysterien.«

www.ingramcontent.com/pod-product-compliance
Lightning Source LLC
Chambersburg PA
CBHW031836230426
43669CB00009B/1368